O Escudo da Alma
A Arte da Defesa Energética

Escrito em 2023
Publicado por Luiz Antonio dos Santos ME
1ª Edição 2025

Helena Costa

Segredos e Rituais de Diversas Tradições para Neutralizar Influências Negativas ou Malígnas

Título Original: *O Escudo da Alma - A Arte da Defesa Energética*
Copyright © 2025, publicado por Luiz Antonio dos Santos ME.
Este livro é uma obra de não-ficção que explora práticas e conceitos no campo da proteção espiritual. Através de uma abordagem abrangente e multicultural, a autora oferece ferramentas práticas e simbólicas para defesa energética, purificação e fortalecimento espiritual.
1ª Edição
Equipe de Produção
Autor: Helena Costa
Editor: Luiz Santos
Capa: Studios Booklas / Elian Thorne
Consultor: Draven Kessel
Pesquisadores: Malu Arven, Cael Rinor, Tessa Quinlan
Diagramação: Nyra Voss
Publicação e Identificação
O Escudo da Alma
Booklas, 2025
Categorias: Espiritualidade / Autodefesa Energética
DDC: 133.93 – CDU: 133.5

Todos os direitos reservados a:
Luiz Antonio dos Santos ME / Booklas
Nenhuma parte deste livro pode ser reproduzida, armazenada num sistema de recuperação ou transmitida por qualquer meio — eletrônico, mecânico, fotocópia, gravação ou outro — sem a autorização prévia e expressa do detentor dos direitos de autorais.

Sumário

Índice Sistemático 5
Capítulo 1 Forças Invisíveis e Influências 13
Capítulo 2 O Poder da Intenção 20
Capítulo 3 Símbolos Sagrados 27
Capítulo 4 Oração e Fé Cristã 34
Capítulo 5 Amuletos no Islã 39
Capítulo 6 Mantras e Yantras Hinduístas 45
Capítulo 7 Defumação Ancestral 52
Capítulo 8 Meditação de Escudo 58
Capítulo 9 Banhos Ritualísticos 64
Capítulo 10 Ancestrais e Guias 70
Capítulo 11 Rituais Lunares 77
Capítulo 12 Exu e Guardiões 84
Capítulo 13 Cabala e Árvore da Vida 90
Capítulo 14 Runesas Nórdicas 97
Capítulo 15 Feng Shui Protetor 103
Capítulo 16 Círculos Mágicos 109
Capítulo 17 Psicanálise do Mal 115
Capítulo 18 Cura Reconectiva 122
Capítulo 19 Códigos da Luz 129
Capítulo 20 Exorcismos Comparados 135
Capítulo 21 Cristais e Minas Terrestres 141
Capítulo 22 Ayahuasca e Purga 148

Capítulo 23 Anjos da Guarda 154
Capítulo 24 Psicografia Defensiva 161
Capítulo 25 Tai Chi e Energia Vital 168
Capítulo 26 Sacrifícios Simbólicos 174
Capítulo 27 Ciberproteção Espiritual 180
Capítulo 28 Ecologia e Defesa Planetária 187
Capítulo 29 Juramentos e Pactos 193
Capítulo 30 Sistema Integrado de Autodefesa 199
Epílogo 205

Índice Sistemático

Capítulo 1: Forças Invisíveis e Influências - Aborda a existência e o impacto de energias não físicas na vida humana, conforme reconhecido em diversas culturas.

Capítulo 2: O Poder da Intenção - Explora a intenção como força primordial que molda a realidade e fundamenta práticas espirituais de proteção.

Capítulo 3: Símbolos Sagrados - Discute símbolos como linguagens universais que detêm conhecimento e funcionam como ferramentas de proteção espiritual.

Capítulo 4: Oração e Fé Cristã - Analisa a oração e a fé na tradição cristã como poderosos instrumentos de conexão divina e proteção espiritual.

Capítulo 5: Amuletos no Islã - Explora as práticas de proteção espiritual no Islã, incluindo a recitação do Alcorão e o uso de amuletos (ta'wiz).

Capítulo 6: Mantras e Yantras Hinduístas - Apresenta mantras e yantras hinduístas como códigos energéticos sonoros e geométricos para proteção e alinhamento espiritual.

Capítulo 7: Defumação Ancestral - Detalha a defumação com ervas como prática ancestral universal para purificação, proteção e comunicação espiritual.

Capítulo 8: Meditação de Escudo - Descreve a meditação focada na criação de um escudo energético através da visualização e intenção para proteção psíquica.

Capítulo 9: Banhos Ritualísticos - Aborda os banhos ritualísticos com ervas e outros elementos como práticas antigas de limpeza energética e proteção espiritual.

Capítulo 10: Ancestrais e Guias - Explora o vínculo com ancestrais e guias espirituais como fonte de proteção, orientação e força em diversas tradições.

Capítulo 11: Rituais Lunares - Detalha como os rituais alinhados às fases lunares podem ser usados para proteção, purificação e manifestação de intenções.

Capítulo 12: Exu e Guardiões - Apresenta Exu e Pomba Gira como guardiões espirituais nas tradições afro-brasileiras, explicando seu papel na proteção e nos caminhos.

Capítulo 13: Cabala e Árvore da Vida - Explora a Cabala e a Árvore da Vida como mapas da criação, utilizando nomes divinos e sefirot para proteção espiritual.

Capítulo 14: Runas Nórdicas - Discute as runas nórdicas como símbolos ancestrais de poder, utilizados para proteção, adivinhação e conexão espiritual.

Capítulo 15: Feng Shui Protetor - Apresenta o Feng Shui como arte chinesa de harmonização de ambientes para equilibrar o fluxo de energia (Qi) e promover proteção.

Capítulo 16: Círculos Mágicos - Detalha a criação e o propósito dos círculos mágicos como espaços sagrados e protegidos para rituais e trabalhos espirituais.

Capítulo 17: Psicanálise do Mal - Analisa como questões psíquicas, como traumas e crenças limitantes, criam vulnerabilidades espirituais, integrando a psicanálise à proteção.

Capítulo 18: Cura Reconectiva - Apresenta a Cura Reconectiva como uma técnica energética que acessa frequências sutis para restaurar o equilíbrio e promover a cura integral.

Capítulo 19: Códigos da Luz - Explora os códigos de luz, incluindo números e geometria sagrada, como chaves vibracionais para ativação e proteção espiritual.

Capítulo 20: Exorcismos Comparados - Compara diferentes práticas de exorcismo em várias tradições espirituais como ritos de libertação e realinhamento energético.

Capítulo 21: Cristais e Minas Terrestres - Aborda os cristais como consciências minerais vivas utilizadas para ancoragem, purificação e proteção energética.

Capítulo 22: Ayahuasca e Purga - Descreve a Ayahuasca como medicina sagrada utilizada em rituais para purificação profunda (purga) e limpeza espiritual.

Capítulo 23: Anjos da Guarda - Explora a figura do anjo da guarda em diversas tradições como um ser de luz designado para proteção e orientação individual.

Capítulo 24: Psicografia Defensiva - Apresenta a psicografia como ferramenta mediúnica que pode ser utilizada para diagnóstico e defesa contra influências espirituais negativas.

Capítulo 25: Tai Chi e Energia Vital - Explora o Tai Chi Chuan como arte de meditação em movimento que cultiva a energia vital (Qi) para saúde e proteção espiritual.

Capítulo 26: Sacrifícios Simbólicos - Analisa o sacrifício simbólico em diversas culturas como um ato de entrega e transmutação para fins de proteção espiritual.

Capítulo 27: Ciberproteção Espiritual - Aborda a necessidade de estender a proteção espiritual ao ambiente digital, tratando o ciberespaço como um campo energético.

Capítulo 28: Ecologia e Defesa Planetária - Conecta a ecologia ao cuidado espiritual, tratando a Terra como um corpo vivo cuja saúde impacta a proteção coletiva.

Capítulo 29: Juramentos e Pactos - Explora juramentos e pactos como compromissos vibracionais que moldam o campo espiritual e podem oferecer proteção quando feitos com consciência.

Capítulo 30: Sistema Integrado de Autodefesa - Propõe a criação de um sistema pessoal e integrado de práticas de autodefesa espiritual, baseado na consciência e consistência.

Prólogo

Em algum momento da jornada humana, cada um de nós sente, mesmo que não saiba explicar, que existe algo além do que os olhos veem. Uma brisa súbita que arrepia a pele sem motivo. Um cansaço que não se justifica. Um olhar atravessado que pesa mais do que palavras. O mundo invisível não apenas existe — ele age, reage e influencia. E enquanto muitos caminham como se tudo fosse matéria, você está diante de um livro que rompe esse véu e ilumina o que a maioria escolhe ignorar.

Este não é um livro comum. Tampouco é uma coletânea de crenças soltas ou reflexões místicas aleatórias. Trata-se de uma verdadeira cartografia espiritual. Um mapa minucioso que atravessa culturas, tempos, tradições e correntes de sabedoria para revelar, com clareza e profundidade, como o invisível molda o visível. E, mais ainda, como você pode se proteger, se fortalecer e se expandir a partir dessa compreensão.

Ao virar estas páginas, você não receberá apenas informação — você será iniciado. Iniciado na arte de perceber o que passa despercebido. De reconhecer sinais, limpar seu campo energético e construir escudos de luz que não se encontram em farmácias ou academias. Trata-se de uma sabedoria ancestral refinada e aplicada com maestria, que despertará em você o que sempre esteve adormecido: o poder de proteger sua própria essência.

A obra revela aquilo que muitos não ousam ensinar: que pensamentos atraem presenças, que emoções abrem portais, que ambientes adoecem não só o corpo, mas o espírito. E que, sim, existem forças que se alimentam da sua fraqueza emocional, da sua distração, do seu desequilíbrio. Não é superstição. É ciência da alma. E, neste livro, ela está exposta de forma viva, estruturada e transformadora.

Você será conduzido por práticas que atravessaram milênios: defumações que limpam o campo sutil, mantras que vibram mais alto que qualquer medo, orações que formam muralhas invisíveis, símbolos que ativam memórias espirituais adormecidas. Vai entender por que certos nomes sagrados têm poder, por que algumas pedras são mais do que minerais, e por que sua intenção — essa força silenciosa — é capaz de abrir ou fechar mundos.

Mas este livro não é só sobre proteção. É sobre lucidez. Sobre aprender a caminhar pelo mundo com consciência, com discernimento, com presença. Porque proteger-se não é viver com medo — é viver desperto. E quem desperta, não volta a dormir.

Você não está aqui por acaso. Algo em você já sabe que existe mais. Já sentiu as forças que ninguém vê. Já percebeu que certos lugares drenam sua energia, que certos pensamentos não são seus, que certas pessoas chegam como furacões sem explicação. Este livro foi escrito para quem já intuiu essas verdades. Para quem já pressentiu que o invisível também precisa ser cuidado, limpo, selado.

A leitura que está prestes a começar é, ao mesmo tempo, um mergulho e um resgate. Um mergulho nas águas profundas do sagrado esquecido e um resgate da sua própria soberania espiritual. Cada capítulo foi tecido com a precisão de quem conhece os caminhos da alma e de quem sabe que o despertar é uma decisão. Você encontrará aqui conhecimento legítimo, sem fórmulas vazias, sem promessas comerciais. Ensinamentos que nasceram do contato com mestres, rituais, tradições, e, acima de tudo, da experiência direta com o que é real — ainda que invisível.

Permita-se atravessar este portal. Deixe que cada palavra limpe, esclareça e fortaleça. Deixe que a sabedoria aqui contida reorganize sua energia, acalme seu campo, afine sua percepção. Este livro não é lido apenas com os olhos. Ele é absorvido pelo espírito.

Ele foi feito para quem já sentiu que algo precisa mudar. Para quem não aceita mais ser vítima do acaso, da inveja, das marés densas que se instalam sem explicação. Para quem quer compreender como forças sutis operam e como se posicionar com firmeza, ética e luz diante de tudo isso.

Leia com atenção. Leia com o coração aberto. Leia com coragem. Porque depois destas páginas, você não será mais o mesmo. As ferramentas estarão nas suas mãos. E com elas, a chave para uma vida com mais clareza, proteção e verdade.

Aos que sentem que o mundo é maior do que se ensina...

Aos que sabem que há algo entre o céu e a terra que ainda precisa ser nomeado...
Aos que desejam assumir o comando do próprio campo espiritual...
Este livro é sua iniciação.
    Que você se permita atravessar este caminho sagrado.
Com presença, com intenção, com luz.
    Luiz Santos
    Editor

Capítulo 1
Forças Invisíveis e Influências

As forças que moldam a vida humana não se limitam ao que os olhos veem ou os instrumentos medem. Por trás das decisões impulsivas, das doenças sem causa aparente, das marés de azar que se acumulam silenciosamente, pulsa um campo invisível, denso e ancestral, onde forças sutis dançam ao redor do ser humano desde o princípio da consciência. Essas forças, embora invisíveis aos olhos comuns, têm presença real e documentada nos saberes antigos, nas tradições de povos que viveram em comunhão com o invisível, e nos relatos silenciosos daqueles que sentem — mesmo sem explicação — o peso de algo que não se pode nomear.

Em diferentes culturas, tempos e geografias, há o reconhecimento da existência de energias não físicas que permeiam o mundo. O nome que recebem varia conforme a cosmovisão adotada: prana na Índia védica, chi na China ancestral, axé nas religiões afro-brasileiras, mana nas tradições polinésias. Mais do que conceitos teóricos, essas energias são descritas como correntes vivas, moldáveis, influenciáveis pelas emoções humanas, pelos rituais, pelas palavras e até pelos pensamentos. Quando essas forças se desalinham ou se tornam densas, a vida de um indivíduo pode entrar em colapso silencioso, sem que ele compreenda as raízes espirituais do seu sofrimento.

Na tradição hinduísta, o conceito de karma exemplifica de maneira precisa a lógica da interligação energética. Não se trata de um sistema punitivo ou moralista, mas de uma resposta vibracional às ações, pensamentos e emoções emitidas. Cada escolha gera um reflexo, e este pode moldar não apenas o presente, mas reverberar através de diversas encarnações. O karma pode tornar-se um canal de atração para influências nocivas quando alimentado por culpa, raiva, apego e medo. É como se a frequência pessoal caísse, tornando o campo espiritual mais vulnerável à invasão de entidades ou vibrações destrutivas.

Em muitas tradições africanas, especialmente no candomblé e na umbanda, a compreensão dessas forças vai além da mera energia. Há entidades específicas, como eguns e kiumbas, que se aproveitam de brechas emocionais e espirituais para se aproximar dos vivos. Elas não necessariamente carregam malícia, mas muitas vezes permanecem ligadas à matéria por traumas, desejos não satisfeitos ou pela simples ignorância de sua morte física. Quando encontram um ser humano fragilizado, emocionalmente ou espiritualmente, tornam-se parasitas energéticos, drenando vitalidade e favorecendo distúrbios que os médicos não conseguem explicar.

Entre os povos indígenas, essas forças são respeitadas e cuidadosamente observadas. O xamã, o homem-medicina, atua como um mediador entre os mundos: físico, espiritual, onírico. Ele entende que os sonhos podem ser invasões, que a febre repentina pode ser um aviso, que a floresta responde aos desequilíbrios do clã. Para os nativos, o mundo visível é apenas uma das camadas da realidade. Há espíritos nas pedras, nos ventos, nas árvores, e cada gesto humano, por mais simples que pareça, repercute no tecido sutil da existência.

No ocidente moderno, por mais que se tente reduzir a vida ao tangível, crescem os relatos de experiências que desafiam a lógica. Pessoas que sentem presenças em ambientes vazios, que adoecem sem diagnóstico, que enfrentam quedas bruscas de sorte ou relacionamentos destruídos por um súbito caos emocional. Muitos desses fenômenos são atribuídos a influências espirituais externas — formas-pensamento criadas por outras pessoas, inveja canalizada como flechas psíquicas, obsessores espirituais que se ligam por afinidade emocional ou por pactos inconscientes. Há quem negue, há quem ignore, mas o número de buscadores que procuram respostas fora da matéria cresce a cada geração.

As religiões abraâmicas também reconhecem essas forças, ainda que sob outro vocabulário. No cristianismo, fala-se do "inimigo invisível", das "hostes espirituais da maldade", como descrito em Efésios 6:12. O mal não é apenas um conceito, mas uma presença ativa, inteligente, que se aproveita das falhas humanas para penetrar na alma e minar sua conexão com o divino. Daí a importância do jejum, da oração e da fé como armaduras espirituais. Já no islamismo, os jinns são entidades que habitam uma dimensão paralela, criados de fogo sem fumaça, dotados de livre-arbítrio. Alguns são benignos, outros hostis, e muitos interagem com os humanos de formas sutis e devastadoras. Existem orações específicas para afastá-los, como a recitação da Surata Al-Falaq e Al-Nas.

A interferência espiritual não age apenas no campo da saúde. Há registros de influências densas provocando rupturas em lares, sabotando finanças, destruindo projetos. Não se trata de superstição, mas da percepção cada vez mais nítida de que a realidade está entrelaçada com camadas de existência que respondem ao emocional, ao ético e ao espiritual. Quando alguém mergulha no desespero, abre uma brecha. Quando mente de forma repetida, cria um campo de distorção. Quando trai, quando rouba, quando deseja o mal, esse campo se adensa com frequências que atraem seres da mesma vibração. São esses seres que, invisivelmente, passam a influenciar comportamentos, decisões e destinos.

Entre os povos antigos do Oriente Médio, acreditava-se que certos lugares acumulavam energia negativa com o tempo: cemitérios, cruzamentos, campos de batalha. Esses locais eram evitados ou "limpos" com rituais complexos. A ciência moderna poderia rir disso, mas mesmo em ambientes corporativos contemporâneos, há salas onde todos adoecem, espaços que geram desânimo, locais onde a produtividade morre. O campo vibracional do ambiente, alimentado por emoções e acontecimentos passados, permanece impregnado, atuando como um agente silencioso na degradação da saúde física e mental de quem ali permanece por muito tempo.

A astrologia, por sua vez, mostra como corpos celestes — cuja gravidade e magnetismo são invisíveis a olho nu — influenciam os nascimentos, os ciclos, os comportamentos. Marte em conflito com Saturno pode indicar um período de atrito e tensões, não apenas psicológicas, mas espirituais. Um eclipse pode abrir portais, e certas conjunções planetárias são vistas como momentos de risco energético. Não se trata de destino fechado, mas de predisposições que, se não forem observadas, podem amplificar vulnerabilidades ocultas.

A vida espiritual não é neutra. A ausência de práticas protetivas, de autoconhecimento, de alinhamento ético e vibracional cria um estado de exposição. O ser humano, como um rádio mal sintonizado, passa a captar ruídos do além. Esses ruídos se manifestam em forma de pensamentos destrutivos que não pertencem à mente original, em atitudes que sabotam sua própria evolução, em vícios que não são apenas físicos, mas espirituais. Muitos vivem vidas inteiras sob influência dessas forças, acreditando que são suas escolhas, quando na verdade são marionetes de uma programação invisível que opera por afinidade energética.

Assim como a água parada atrai mosquitos, o campo espiritual sem movimento, sem luz, sem oração ou consciência, atrai entidades que sobrevivem da energia alheia. São as chamadas larvas astrais, miasmas, obsessores, cada tradição com seu nome, mas todos apontando para o mesmo fenômeno: formas de vida ou pensamento que se ligam ao humano por pontos de fraqueza, por traumas não curados, por dores não acolhidas.

Entender essas forças é o primeiro passo. Reconhecer que o mundo é muito mais do que o visível não é sinal de fraqueza ou superstição, mas de sabedoria ancestral que se perdeu no excesso de racionalismo. Reaprender a sentir o invisível, a limpar o campo, a selar o corpo energético e a manter a luz interior acesa — tudo isso será necessário para que a proteção espiritual se torne parte viva do cotidiano. Não há espaço neutro neste mundo. Onde não há luz consciente, o escuro se instala. Onde não há voz da alma, o ruído do externo governa.

A partir do momento em que se reconhece a existência e a influência das forças invisíveis, torna-se inevitável uma revisão profunda da forma como se vive, sente e interage com o mundo. A responsabilidade sobre o próprio campo energético passa a ser intransferível, exigindo do indivíduo uma postura ativa diante da vida espiritual. Não se trata apenas de defender-se contra o que é negativo, mas de cultivar aquilo que eleva: a lucidez, a presença, a intenção clara. Isso implica práticas constantes de autocuidado energético, desde a observação dos próprios pensamentos até o refinamento das companhias, das palavras ditas, dos ambientes frequentados. Cada gesto cotidiano, por mais banal que pareça, carrega em si o poder de sintonizar frequências.

A compreensão dessas forças também exige humildade. Por mais que se estude ou experimente, o mundo invisível não se dobra à lógica linear nem se encaixa em modelos mentais simplificados. A intuição, a escuta sutil, os sinais que chegam em sonhos ou sincronicidades, tudo isso passa a ter valor e peso. Viver sob essa consciência é aceitar que estamos em constante relação com o que não se vê, e que há inteligências, memórias e presenças que atravessam o tempo e o espaço para interagir conosco. Cultivar a espiritualidade, portanto, é fortalecer essa relação — não como um escudo paranoico, mas como um vínculo sagrado com a realidade mais profunda da existência.

A vigilância espiritual, quando aliada ao autoconhecimento, transforma-se em liberdade. E essa liberdade não é a ausência de influências, mas a capacidade de discerni-las, acolhê-las ou afastá-las com sabedoria. O ser humano que compreende seu papel no grande tecido invisível da vida aprende a caminhar com mais leveza, mesmo em meio à escuridão. Ele não nega as sombras, mas acende luzes. E, assim, permanece inteiro.

Capítulo 2
O Poder da Intenção

A intenção é uma semente silenciosa que habita o núcleo das ações humanas, e sua potência ecoa para além do tempo, para além da carne. Muito antes de qualquer palavra ser pronunciada, antes mesmo que o gesto se materialize, a intenção já pulsa no campo invisível, moldando o curso dos acontecimentos e atraindo forças de natureza compatível com sua vibração original. Dentro das artes espirituais de proteção, a intenção não é uma ferramenta entre tantas: ela é o próprio alicerce sobre o qual se edifica qualquer escudo, ritual ou encantamento.

Nenhum amuleto, mantra ou símbolo tem poder intrínseco se não for ativado por uma intenção viva, clara e firme. Essa verdade, repetida em diversas tradições místicas, atravessa as eras como uma linha dourada que une os magos do Egito antigo aos monges do Tibete, os curandeiros indígenas aos mestres do ocultismo moderno. A vontade direcionada é a centelha que desperta as forças adormecidas no tecido do universo. É a partir dela que os portais se abrem ou se fecham, que os caminhos se iluminam ou se obscurecem.

No budismo tibetano, a prática da visualização é um refinamento dessa intenção aplicada. Os monges são treinados desde cedo para projetar imagens mentais de deidades protetoras, luzes purificadoras ou mandalas sagradas. Não se trata de imaginação passiva, mas de uma construção energética que ganha vida na mente e se expande para o espaço ao redor. A clareza da imagem mental, a disciplina da respiração e a firmeza da intenção criam um campo de proteção ao redor do praticante — um campo que repele entidades hostis, pensamentos obsessivos e vibrações dissonantes.

Da mesma forma, no xamanismo das florestas, a intenção é a chave de toda jornada espiritual. O xamã, ao preparar uma defumação, não confia apenas na fumaça da erva. Ele sopra sobre ela sua intenção, seu pedido, sua força vital. Ao entrar no estado alterado de consciência, seja pelo tambor, pela ayahuasca ou pelo silêncio profundo, ele carrega consigo a intenção de cura, de busca ou de libertação. Sem essa direção interna, os espíritos podem se manifestar, mas o ritual não se realiza. A floresta responde à intenção do coração, e não às palavras vazias da boca.

No neopaganismo contemporâneo, especialmente na tradição wicca, a intenção é formalmente ensinada como o elemento central de todo feitiço. As bruxas modernas não veem a magia como um ato teatral, mas como um pacto vibracional entre o ser humano e as forças da natureza. Um feitiço de proteção pode conter velas, ervas e cristais, mas o que o ativa é o direcionamento consciente da vontade. Quando a bruxa traça o círculo mágico, ela não está apenas delimitando um espaço físico: ela está selando uma intenção que molda o espaço-tempo e afasta qualquer interferência indesejada.

As afirmações, por sua vez, são uma forma verbalizada da intenção. Repetidas com presença e crença, elas não apenas reforçam crenças positivas, mas transformam o campo energético pessoal. Uma afirmação como "Estou protegido pela luz divina que me envolve" cria uma camada vibratória ao redor do corpo, como um campo de força invisível. Quando repetida diariamente, com foco e emoção, essa afirmação atua como uma senha espiritual, um lembrete ao inconsciente e ao universo de que aquele ser não está vulnerável, mas sim consciente e protegido.

A ciência moderna, ainda que cética quanto às linguagens espirituais, começa a decifrar os efeitos da intenção sobre a matéria. Experimentos com cristais d'água, como os conduzidos por Masaru Emoto, demonstram como palavras e pensamentos afetam a estrutura molecular da água. Se a intenção humana pode alterar uma molécula, pode também influenciar as vibrações do campo sutil. Estudos em neurociência também mostram como a mentalização pode alterar padrões cerebrais, imunidade e estados emocionais. Mesmo sem chamar de magia, a ciência reconhece: a mente, quando focada, modifica o corpo e o ambiente.

Exercitar a intenção é, portanto, um treino de presença. É o contrário da dispersão mental que domina o cotidiano moderno. Para ativar a intenção protetiva, é preciso retirar-se do ruído, ancorar-se no momento presente e declarar com clareza o que se deseja. Não basta querer. É preciso querer com a totalidade do ser. Intenção dividida é porta entreaberta para interferências. Intenção firme é muralha de luz que não se rompe.

Uma prática ancestral poderosa consiste na mentalização da luz dourada. Ao fechar os olhos, respira-se profundamente três vezes e visualiza-se uma esfera de luz dourada nascendo no centro do peito. Com a força da intenção, essa luz se expande, preenche todo o corpo e, depois, forma um casulo ao redor do ser. Dentro dessa esfera, nenhuma força negativa penetra. Essa prática, quando realizada diariamente, fortalece o campo energético e sintoniza o indivíduo com frequências superiores. A esfera de luz é tanto simbólica quanto real no plano sutil. Sua eficácia depende menos da perfeição da imagem mental e mais da intensidade da intenção.

Outro exercício é o da chama azul de proteção. Usada em escolas esotéricas ocidentais, como a Fraternidade Branca, essa técnica invoca a energia do Arcanjo Miguel. A prática consiste em visualizar uma chama azul-cobalto envolvendo o corpo, queimando toda negatividade e selando o campo áurico. A repetição do nome "Miguel" em sequência, em voz baixa ou mentalmente, atua como uma âncora vibracional. O nome torna-se um mantra. E o mantra é, por excelência, a verbalização da intenção sagrada.

É importante compreender que a intenção não se limita à proteção contra o mal externo. Ela também atua como filtro interno. Quando se deseja verdadeiramente viver com ética, integridade e luz, a própria vibração do ser muda. E o semelhante atrai o semelhante. Quanto mais elevada for a intenção que rege a vida de alguém, menor a possibilidade de atração por entidades densas. Não porque elas não existam, mas porque não há ressonância. O campo da intenção elevada é como uma música que espíritos de baixa vibração não suportam ouvir.

As tradições de magia cerimonial ensinam que antes de qualquer ritual, o praticante deve traçar seu "propósito maior". Esse propósito é a âncora da operação mágica. Se for confuso, egoísta ou instável, o ritual falhará ou atrairá consequências imprevisíveis. O universo responde com precisão à intenção emitida. Por isso, ao pedir proteção, é necessário fazê-lo com clareza. Proteger-se de quê? Para quê? Com que motivação? Não se trata de paranoia, mas de lucidez espiritual. A intenção não mente, e o plano invisível responde à sua essência.

Na tradição sufista do Islã, a intenção (niyyah) é considerada o coração de toda ação espiritual. Mesmo que um ritual seja executado com perfeição, sem a niyyah correta, ele é vazio. O sufi é ensinado a purificar a intenção antes de cada prece, cada ato, cada passo. Ele não busca proteção para si apenas, mas para estar mais alinhado à vontade divina. Essa pureza de intenção é vista como escudo contra qualquer ataque espiritual, pois um coração transparente não oferece espelhos onde o mal possa se refletir.

No silêncio das madrugadas, quando o mundo adormece e a alma desperta, a intenção se torna quase palpável. É nesse estado liminar entre o sono e a vigília que os exercícios de mentalização ganham força extraordinária. A mente está maleável, e o campo espiritual mais receptivo. A prática de mentalizar proteção ao acordar e antes de dormir cria uma rotina energética que ensina o corpo espiritual a manter-se atento. É como treinar um músculo invisível, que aos poucos se torna firme e instintivo.

Ao reconhecer a intenção como força primária, torna-se evidente que a realidade não é um palco onde se atua mecanicamente, mas um espelho que responde à vibração interior. Essa vibração, alimentada pela clareza de propósitos e pelo compromisso com a verdade íntima, se irradia como um código invisível, codificando as experiências ao redor. Quando a intenção é guiada pelo ego, os caminhos se tornam tortuosos; mas quando é moldada por uma escuta profunda da alma, ela se transforma em bússola. Nesse ponto, o ser humano deixa de reagir às circunstâncias e passa a cocriar, não mais refém do acaso, mas consciente de sua própria emissão energética no tecido da vida.

A força da intenção também revela que toda prática espiritual, por mais simples que seja, pode alcançar potências insuspeitas quando nutrida de sentido. Um copo de água pode se tornar um elixir de cura, uma vela acesa pode iluminar caminhos internos, uma oração sussurrada pode afastar tempestades invisíveis — tudo depende da qualidade vibratória da intenção por trás do ato. Não se trata de acumular gestos esotéricos, mas de tornar cada gesto um rito, cada palavra um selo, cada pensamento uma direção clara. E assim, a vida cotidiana se espiritualiza, não pela negação da matéria, mas pelo olhar intencional que consagra o ordinário com propósito.

A verdadeira proteção espiritual nasce, portanto, da coerência entre o que se deseja, o que se pensa e o que se vive. Quando intenção e ação caminham em uníssono, o campo energético se alinha com forças maiores, e uma serenidade sutil passa a guiar as decisões. Não é uma blindagem contra o mundo, mas um estado de sintonia que transforma o próprio ser em luz viva. A partir daí, a proteção deixa de ser um esforço externo e se torna uma presença constante — silenciosa, firme e inevitável.

Capítulo 3
Símbolos Sagrados

Há uma linguagem que não pertence a nenhuma nação, mas que é compreendida por todas as almas sensíveis: os símbolos. Eles não são meros desenhos, tampouco decorações de um tempo antigo. São estruturas vivas que guardam camadas de conhecimento espiritual e vibracional. Cada traço, cada curva, cada geometria carrega consigo uma história energética, uma frequência própria e uma função específica. No contexto da proteção espiritual, os símbolos são portais e escudos, são olhos que vigiam, espadas que cortam, escudos que repelem. Não por acaso, onde há fé verdadeira, há também um símbolo gravado, entalhado, desenhado ou carregado junto ao corpo.

A cruz, por exemplo, está longe de ser apenas um emblema cristão. Muito antes de ser associada ao sacrifício de Cristo, ela já aparecia em civilizações antigas como representação do ponto de intersecção entre o céu e a terra, entre o espírito e a matéria. No Egito, existia a cruz ansata, ou Ankh, símbolo da vida eterna e da força vital divina. Os primeiros cristãos, ao adotarem a cruz, estavam, consciente ou inconscientemente, ancorando-se num arquétipo milenar de intercessão divina. Ao ser usada com intenção e reverência, a cruz não é apenas um símbolo de fé: ela se torna um selo de proteção contra forças contrárias à luz. Seja no pescoço, na parede ou traçada no ar, ela ancora a presença do sagrado.

O Olho de Hórus, por sua vez, atravessa os milênios como um dos mais poderosos símbolos de proteção conhecidos. Originário do Egito antigo, é o olho que tudo vê, que enxerga o invisível e revela o oculto. Os sacerdotes egípcios o utilizavam não só como ornamento, mas como um selo contra forças hostis, como entidades astrais e maldições lançadas por magia negra. Sua simetria não é apenas estética — ela espelha o equilíbrio entre hemisférios, a harmonia entre razão e intuição. Quando ativado com consciência, o Olho de Hórus age como sentinela espiritual, mantendo afastadas as influências que tentam operar nas sombras.

Outro símbolo amplamente utilizado é a Mão de Fátima, também conhecida como Hamsá. Presente no Islã, no judaísmo e até em tradições do norte da África, essa mão aberta aponta para o poder da intercessão divina, da justiça e da proteção contra o mau-olhado. No contexto islâmico, ela está ligada à filha do profeta Maomé, Fátima Zahra, e carrega um profundo simbolismo de fé, honra e firmeza. Já no judaísmo, é chamada de Mão de Miriam, irmã de Moisés, e associada à força protetiva do número cinco. Seja com um olho no centro, com inscrições de versos sagrados ou apenas seu contorno simples, a Hamsá é um dos talismãs mais antigos e eficazes contra inveja, intriga e ataques espirituais.

As mandalas, por sua vez, surgem como expressões geométricas do cosmos. Em tradições hinduístas e budistas, elas não são apenas desenhos — são mapas sagrados, arquiteturas espirituais que, quando contempladas ou desenhadas, alinham o campo energético e bloqueiam interferências negativas. Cada cor, cada simetria, cada ponto central tem uma função de ancoragem. Quando posicionadas em ambientes, atuam como centros de equilíbrio e purificação. Meditar diante de uma mandala com intenção de proteção é ativar uma rede vibracional que fortalece o escudo sutil do praticante.

Dentro das tradições africanas, especialmente no vodu e no candomblé, os símbolos tomam forma nos pontos riscados e nos símbolos dos orixás. Exu, Ogum, Oxóssi, Iemanjá — cada entidade tem sua assinatura espiritual, seu traçado único que a convoca e a ancora. Ao riscar esses pontos com pó de pemba ou outros pós sagrados, cria-se uma barreira, uma linha de força que separa o espaço consagrado do restante do mundo. Aquilo que é traçado com respeito e saber não pode ser ultrapassado impunemente. É como se os próprios símbolos ganhassem vida e se tornassem soldados espirituais em vigília constante.

Na Cabala, o uso das letras hebraicas, principalmente dos nomes divinos, funciona como mecanismo de defesa contra influências externas. Yod-He-Vav-He, o tetragrama sagrado, é mais do que um nome: é uma combinação de frequências que, quando escrita ou pronunciada com reverência, altera a vibração do espaço e do ser. Símbolos cabalísticos gravados em pergaminhos, metais ou pedras são utilizados há séculos para selar casas, proteger objetos e blindar pessoas contra espíritos errantes e energias densas.

Mas um símbolo, para ser efetivo, deve ser ativado. Não basta carregar um olho de Hórus no pescoço ou pendurar uma mandala na parede. A ativação é o processo de conexão entre o símbolo, a intenção do usuário e as forças superiores que ele representa. Pode ser feita por meio de oração, consagração com água, defumação com ervas ou mesmo uma simples meditação onde se visualiza o símbolo emanando luz e girando em frequência elevada. A ativação é o momento em que o símbolo desperta. Até então, ele é matéria inerte. Depois disso, ele se torna canal.

Cada símbolo tem sua linguagem. Alguns devem ser colocados voltados para uma direção específica. Outros, jamais devem ser expostos ao olhar de curiosos. Há aqueles que se usam próximos ao corpo e os que devem ser enterrados ou queimados após o uso. O desconhecimento dessas práticas pode neutralizar ou até inverter o efeito desejado. Por isso, ao se trabalhar com símbolos de proteção, o respeito e o estudo são cruciais. A banalização do sagrado abre portas. O uso consciente sela portais.

Alguns símbolos são considerados perigosos quando manipulados por mãos despreparadas. O pentagrama, por exemplo, é comumente associado à magia negra, mas na verdade é um dos mais antigos símbolos de proteção e equilíbrio espiritual. Representa os cinco elementos: terra, fogo, água, ar e espírito.

Quando apontado para cima, indica a supremacia do espírito sobre a matéria, criando um campo de ordem e harmonia. Invertido, porém, distorce-se em direção à materialidade desgovernada, tornando-se canal para forças desequilibradas. O símbolo em si não é bom nem mau. É um espelho da intenção que o anima.

Os escudos celtas, gravados com nós intermináveis e figuras zoomórficas, também são ferramentas vibracionais. Cada nó, cada entrelaçamento, representa o fluxo contínuo da vida, a interligação entre os mundos e a proteção pela sabedoria ancestral. Nos tempos antigos, esses desenhos eram tatuados no corpo dos guerreiros, gravados em escudos de batalha e entalhados em portas de templos. Não como arte, mas como encantamentos visuais. Eles ainda hoje guardam essa função, desde que tratados como aquilo que são: chaves de um saber antigo.

Em algumas linhas de magia contemporânea, especialmente a chaos magic, criam-se sigilos personalizados a partir de frases de poder. A pessoa formula uma afirmação — por exemplo, "Nada pode me ferir" —, elimina as letras repetidas e reorganiza os traços até criar um símbolo novo. Este sigilo é então carregado com energia emocional, seja por meditação, visualização ou atos ritualísticos. O resultado é um símbolo único, criado para um propósito específico, com alto poder de proteção e alinhamento energético.

A relação com os símbolos deve ser íntima. Eles não são objetos de colecionador, tampouco modismos esotéricos. São espelhos do espírito, janelas para realidades maiores. Ao escolher um símbolo para proteção, é importante observar com qual deles a alma ressoa. Não há um símbolo melhor que o outro — há aquele que fala mais forte à sua essência. É essa sintonia que potencializa a conexão, que torna o símbolo vivo e operante.

A presença dos símbolos no cotidiano espiritual não serve apenas para afastar perigos, mas também para lembrar constantemente quem somos e o que buscamos preservar. Eles operam como âncoras visíveis de uma realidade invisível, ajudando a manter o foco da alma quando o mundo externo tenta distrair e dispersar. Ter um símbolo por perto é, muitas vezes, um gesto de fidelidade a um pacto interno — com a luz, com a verdade, com a própria evolução. O símbolo é testemunha silenciosa da intenção que o invoca, e por isso exige responsabilidade. Seu poder não está apenas no traço ancestral, mas na energia de quem o ativa e na coerência de sua utilização.

Ao longo da história, civilizações inteiras se ergueram com base em símbolos. Eles foram gravados em pedras, tecidos, corpos e armas não apenas como enfeites ou signos de pertencimento, mas como formas de alinhamento com forças maiores. Hoje, apesar do excesso de informação e da superficialidade com que se tratam os elementos sagrados, ainda é possível cultivar um relacionamento profundo com essas formas primordiais. Isso exige tempo, escuta, prática e respeito. Um símbolo, uma vez compreendido em sua essência, passa a fazer parte do campo vibracional de quem o carrega. Ele não é mais um adorno — é uma extensão da alma, uma veste de luz que se sobrepõe ao corpo físico.

É nessa comunhão entre símbolo e espírito que nasce a verdadeira proteção. Quando se olha para um traço sagrado e se reconhece nele não apenas um desenho, mas um espelho da própria jornada, então o símbolo cumpre seu papel. Ele silencia ruídos, afasta o caos e mantém a presença do sagrado viva e pulsante. A alma protegida por símbolos conscientes não está blindada contra desafios, mas está fortalecida para enfrentá-los com coragem, lucidez e fé. E isso basta.

Capítulo 4
Oração e Fé Cristã

Há palavras que não se perdem no vento. Elas sobem como incenso invisível, atravessam as camadas do mundo e tocam o que está além do tempo. A oração, quando brota do coração sincero, é uma espada e um escudo, um sopro de luz capaz de atravessar as trevas mais densas. No coração da tradição cristã, ela não é apenas súplica: é presença, é conexão viva com o Espírito Santo, é fortaleza erguida entre o homem e as investidas do mal. A fé, por sua vez, é o solo onde essa oração floresce. Sem fé, as palavras são ocos sons. Com fé, tornam-se muralhas que nenhuma força contrária ultrapassa.

Desde os primeiros séculos do cristianismo, a oração foi compreendida como prática de proteção. Os monges do deserto, ao enfrentarem tentações e visões sombrias, não empunhavam armas, mas salmos. A Palavra era sua armadura. E entre todos os textos sagrados, o Salmo 91 tornou-se o bastião por excelência dos que enfrentam o invisível. "Aquele que habita no esconderijo do Altíssimo, à sombra do Onipotente descansará" — não há verso mais conhecido entre os que se refugiam na força divina. Seu poder não está apenas no som, mas na autoridade espiritual que carrega. Repetido com fé, sela o espírito, dissipa presenças, fortalece o ânimo.

A tradição católica preserva antigos mecanismos de proteção espiritual que vão além da oração espontânea. A água benta, por exemplo, é considerada um sacramental — não por conter virtude própria, mas por estar ligada à bênção da Igreja e à fé de quem a utiliza. Ao ser aspergida nos ambientes ou sobre o corpo, não apenas purifica, mas cria um campo vibracional que repele entidades hostis. É comum que exorcistas a utilizem como ferramenta de banimento. Há relatos de manifestações violentas de obsessores apenas ao toque da água consagrada, sinal evidente de que aquilo que parece apenas líquido carrega, na verdade, a lembrança da aliança divina.

A cruz, traçada no ar ou no corpo, é outro gesto protetivo amplamente reconhecido. Ao fazer o sinal da cruz, o fiel invoca a Trindade: Pai, Filho e Espírito Santo. Mas além da invocação, há uma marca sagrada traçada no campo espiritual. Quando feita com consciência, a cruz torna-se uma chave de fechamento energético, um selo contra investidas invisíveis. Muitos padres antigos recomendavam que, ao sentir presenças estranhas, o fiel traçasse a cruz sobre si e entoasse o nome de Jesus, pois não há nome acima deste. As forças que agem na sombra estremecem diante da luz invocada pelo Nome.

O Novo Testamento também oferece um arsenal espiritual. Em Efésios 6:11-18, Paulo fala sobre a "armadura de Deus", convocando os crentes a se vestirem espiritualmente para resistir às "ciladas do diabo". Ele descreve o cinto da verdade, a couraça da justiça, o escudo da fé, o capacete da salvação, a espada do Espírito — que é a Palavra — e os pés calçados com a prontidão do evangelho. Cada elemento desta armadura é simbólico, mas seu uso ritualístico é real. Muitos fiéis, antes de dormir ou ao despertar, mentalizam cada parte da armadura sendo colocada em si. Não se trata de imaginação vã, mas de construção vibracional que protege o campo áurico contra influências nocivas.

Entre os protestantes, a oração é frequentemente mais espontânea, mas nem por isso menos poderosa. Os pentecostais, em especial, falam da "oração fervorosa", aquela que sai do mais profundo do espírito, muitas vezes acompanhada de lágrimas, tremores e glórias. É a oração que rompe cadeias, que toca o céu e que dissipa qualquer presença sombria. Muitos ministérios ensinam a oração em línguas como forma de blindagem — uma linguagem desconhecida que a alma utiliza para comunicar-se diretamente com Deus, sem interferência de entidades interceptadoras.

Outro elemento poderoso é o louvor. Cantar hinos, entoar salmos, ouvir músicas sacras — tudo isso eleva a vibração do ambiente, afastando miasmas e obsessores. Há casas que mudam completamente seu campo energético apenas por tocarem músicas de adoração constante. A atmosfera se purifica, os pensamentos se tornam mais leves, as emoções se organizam. O louvor sincero não é apenas som — é frequência divina.

Também não se pode esquecer da oração do Pai-Nosso. Ensinada pelo próprio Cristo, ela contém chaves espirituais profundas. Ao dizer "livrai-nos do mal", o orante não está apenas pedindo proteção contra perigos visíveis, mas selando seu campo contra o mal invisível. Quando dita com consciência plena, essa oração forma um círculo de luz ao redor do ser, conectando-o com o divino e excluindo toda influência indesejada.

Alguns praticantes mais avançados também utilizam o rosário como instrumento de proteção. Cada Ave-Maria, cada Pai-Nosso, cada glória é uma pedra colocada no muro da fé. As orações repetitivas não são vãs — são tambores sagrados que ritmam o campo espiritual. O rosário, quando rezado com devoção, cria uma vibração tão elevada que entidades hostis se afastam. É prática comum entre exorcistas e intercessores.

A fé cristã ensina que nenhuma força contrária prevalece diante de um coração entregue. A proteção espiritual, neste caminho, não é feita apenas de rituais ou palavras, mas de vida consagrada. Um ser que caminha em retidão, que perdoa, que ama, que serve, que ora com verdade, é um território proibido às trevas. Porque onde o Espírito de Deus habita, ali não há espaço para a sombra.

A oração, quando cultivada como hábito e não apenas como recurso de emergência, transforma-se em atmosfera permanente. Ela molda a casa, o corpo, os relacionamentos e até os silêncios. Não se trata de uma repetição automática, mas de uma postura interior que se prolonga além das palavras. Um lar onde se ora com frequência é um lar onde o invisível encontra barreiras naturais para o mal, como muros erguidos com tijolos de luz. E, do mesmo modo, uma mente treinada pela oração constante se torna menos vulnerável aos ataques sutis da negatividade, pois sua frequência já se eleva antes mesmo do perigo se aproximar.

A oração cristã, ao longo dos séculos, mostrou-se eficaz não apenas por seus rituais, mas pela força da presença que ela invoca. Jesus, ao ensinar o Pai-Nosso, não ofereceu um código fechado, mas um modelo de alinhamento com a vontade divina. Cada oração feita com entrega é um retorno à fonte, uma abertura do campo para que a graça flua. Quando o nome de Cristo é chamado com fé, ele se torna escudo e espada ao mesmo tempo. É por isso que, mesmo nos episódios mais extremos — doenças graves, crises emocionais, opressões espirituais —, a fé cristã tem sustentado milhões. Não por mágica, mas porque a luz sempre responde quando é evocada com verdade.

Nesse caminho, a maior proteção não está apenas nas palavras ditas ou nas práticas realizadas, mas no estado interior de quem ora. A vida alinhada ao amor de Cristo, à compaixão, ao perdão e à verdade torna-se ela mesma uma oração viva, que exala luz por onde passa. Oração e fé não se encerram no momento devocional, mas se estendem ao gesto, ao pensamento, à escolha diária. E quando isso acontece, o mal não encontra brechas, pois tudo ali já pertence à luz. E onde a luz reina, o mal se dissipa.

Capítulo 5
Amuletos no Islã

No seio das areias ancestrais do deserto, onde a luz e a escuridão travam disputas silenciosas desde os primórdios da revelação, nascem os segredos da proteção islâmica. Ali, entre os ecos do Alcorão e os ventos que sussurram o nome de Deus em cada grão, os muçulmanos aprenderam que o invisível é real e que sua influência não se combate com força bruta, mas com fé reta e invocação pura. No Islã, a proteção espiritual não é acessório, é base da própria existência. Desde o nascimento até o último suspiro, o crente é ensinado a se refugiar em Allah contra tudo o que não pode ver.

O Alcorão, livro sagrado do Islã, é considerado pelos fiéis não apenas uma escritura, mas uma presença viva, uma fonte de luz e escudo contra toda forma de mal oculto. Cada versículo é, por si só, um campo vibracional que emite proteção àqueles que o recitam com sinceridade e reverência. Entre todos os trechos considerados protetivos, um se destaca como bastião: o Ayat al-Kursi, ou Verso do Trono, que compõe o versículo 255 da Surata Al-Baqarah. Recitado com fé, este verso invoca a soberania absoluta de Allah, seu poder de vigiar tudo sem jamais se cansar, e sua luz que não pode ser suprimida.

Muitos muçulmanos recitam o Ayat al-Kursi após as orações obrigatórias, ao sair de casa, antes de dormir e em momentos de inquietação espiritual. O poder contido nessa passagem é tão reconhecido que, em diversas culturas islâmicas, ela é escrita em papéis, tecidos, metais e até tatuagens temporárias, sendo carregada junto ao corpo ou afixada em paredes e portas. O verso, quando entoado com intenção pura, é como uma espada de luz que rasga o véu das influências negativas, dissolvendo encantamentos, invejas, obsessões e jinns — entidades espirituais descritas no Alcorão como invisíveis e dotadas de vontade própria.

Os jinns, figuras recorrentes na cosmologia islâmica, são criaturas feitas de fogo sem fumaça. Eles compartilham o mundo com os humanos, mas habitam uma dimensão paralela. Podem ser muçulmanos ou não, pacíficos ou hostis. Os que se desviam da luz divina são frequentemente acusados de provocar confusão mental, doenças misteriosas, pesadelos persistentes e até possessões. O Islã reconhece sua existência com naturalidade, e oferece métodos claros para lidar com essas entidades: oração, jejum, recitação do Alcorão e invocação do nome de Deus — "Bismillah" (Em nome de Allah) sendo o primeiro escudo pronunciado antes de qualquer ação importante.

As suratas Al-Falaq e An-Nas, conhecidas como as suratas do refúgio, são outro recurso poderoso de proteção. Elas compõem os dois últimos capítulos do Alcorão e foram reveladas, segundo a tradição, especificamente para curar o Profeta Muhammad de um feitiço lançado contra ele. Recitá-las em sequência, especialmente ao amanhecer, ao entardecer e antes de dormir, é como construir uma fortaleza invisível ao redor da alma. Al-Falaq clama por proteção contra o que foi criado com malícia, contra a escuridão que se infiltra sorrateiramente, contra feitiçarias e contra o olhar invejoso. An-Nas, por sua vez, busca refúgio no Senhor da humanidade contra as sussurrantes forças do mal que habitam o invisível.

Além das recitações, muitos muçulmanos adotam o uso de amuletos físicos, ainda que esse costume esteja envolto em controvérsia. No Islã sunita, principalmente nas correntes salafistas e wahabistas, o uso de talismãs é fortemente desencorajado, considerado shirk — uma forma de associar algo a Deus, o que é o maior pecado no monoteísmo islâmico. Para esses grupos, qualquer proteção que não venha exclusivamente da fé direta em Allah é uma desviação perigosa. No entanto, entre os muçulmanos populares, especialmente nas regiões do norte da África, do subcontinente indiano e do Oriente Médio, a tradição dos amuletos persiste, mesclando práticas pré-islâmicas e místicas com o Islã ortodoxo.

Tais amuletos, conhecidos como "ta'wiz", são pequenas cápsulas ou tecidos dobrados que contêm versos do Alcorão, nomes divinos ou invocações específicas escritas por um estudioso ou líder espiritual. São costurados em tecidos, presos com cordões ou inseridos em pingentes metálicos, e geralmente usados ao redor do pescoço, braço ou cintura. Seu poder, acreditam os devotos, vem da pureza de quem os escreveu e da fé de quem os carrega. Não se trata de fetichismo, mas de um lembrete constante da presença divina — uma forma de manter a mente e o coração voltados para a proteção que vem de cima.

Há também a mão de Fátima, ou Khamsa, cujo uso se expandiu por culturas islâmicas e judaicas. Embora sua origem anteceda o Islã, ela foi incorporada como símbolo de proteção contra o mau-olhado, sendo atribuída a Fátima Zahra, filha do Profeta. A mão estendida, frequentemente desenhada com um olho no centro, representa força, paciência e fé. Mesmo com suas raízes místicas e possivelmente pré-islâmicas, é comum vê-la em casas, roupas e joias, especialmente entre mulheres muçulmanas, como uma barreira visual contra a inveja e a negatividade.

Outro recurso recorrente é o uso do nome "Allah" em caligrafia árabe, exposto em lares, automóveis, locais de comércio. A visualização constante desse nome santo é, por si só, um lembrete de que nenhuma força tem poder real senão o Criador. A presença desse nome no ambiente é vista como uma lâmpada contra a escuridão espiritual. Não há superstição nesse gesto, mas um reconhecimento da importância do dhikr — a recordação constante de Deus, que atua como proteção contínua contra distrações e ataques invisíveis.

Dentro do xiismo, em especial entre os sufis, há uma relação mais aberta com amuletos e talismãs. Os sufis veem o universo como um reflexo do divino e acreditam que certos objetos podem conter barakah — uma espécie de bênção espiritual acumulada, seja pelo contato com um santo, por ter sido usado em oração, ou por carregar símbolos sagrados. Pedras como a ágata vermelha (aqeeq), frequentemente gravada com nomes dos imãs ou versos corânicos, são usadas por muitos xiitas como anéis protetores. Acredita-se que elas repelem o mal e fortalecem a fé de quem as usa.

Os sufis também utilizam orações místicas, chamadas "awrad", que são recitadas diariamente como proteção espiritual. Muitas dessas fórmulas vêm de linhagens antigas, passadas de mestre a discípulo, e carregam códigos vibracionais de imenso poder. Quando entoadas em estado de transe leve, com o coração em estado de pureza e o corpo em quietude, essas palavras se tornam escudos sonoros que fortalecem o campo energético do devoto.

Embora o Islã alerte contra a dependência cega de objetos físicos, ele nunca subestima o poder da intenção e da palavra sagrada. Assim, a verdadeira proteção não reside no talismã em si, mas no coração que confia. O que protege não é o metal, o tecido, a pedra, mas a lembrança viva de que Allah é Al-Hafiz — o Protetor, o Guardião, aquele que vela mesmo quando os olhos humanos dormem.

A essência da proteção no Islã, portanto, não está nos elementos externos, mas na constante consciência da presença divina. O ta'wiz, o anel de ágata, o nome de Allah gravado nas paredes — todos esses são reflexos tangíveis de uma relação interior com o sagrado. Quando compreendidos como extensões do dhikr, da oração e da intenção reta, esses objetos tornam-se mais que adornos: tornam-se pontes entre o visível e o invisível, lembretes silenciosos de que nenhuma escuridão pode resistir à luz de quem se ancora verdadeiramente em Deus. E é essa consciência, mais do que qualquer forma, que separa o devoto do supersticioso.

Mesmo diante das divergências teológicas sobre o uso de amuletos, há uma certeza compartilhada entre todas as vertentes do Islã: é a recordação constante de Allah que sela o coração contra o mal. Os sufis, com seus cânticos extáticos e práticas devocionais profundas, os salafistas com sua ênfase na pureza doutrinária e na recitação direta do Alcorão — todos reconhecem, à sua maneira, que o mal espiritual só encontra brechas onde há esquecimento, negligência, dispersão. O verdadeiro escudo é a fé ativa, o coração vigilante, a língua que não se cansa de dizer "Bismillah" antes de cada passo. Pois cada gesto que começa em nome de Deus carrega em si uma blindagem que atravessa mundos.

Assim, entre as pedras sagradas e os versos do Alcorão, entre a mão de Fátima e o silêncio cheio de fé, o muçulmano caminha não como quem evita o mal por medo, mas como quem confia no amparo do Protetor. A proteção no Islã é uma entrega, não um controle. É uma vigilância serena que reconhece os perigos invisíveis, mas se recusa a temê-los, pois sabe que acima de todo mal há um Nome que tudo vê, tudo sabe e tudo guarda. E é nesse Nome que o coração repousa em segurança.

Capítulo 6
Mantras e Yantras Hinduístas

Há um ponto no espaço onde o som toca a luz e a forma se curva diante da vibração. É neste lugar sutil, onde os sentidos comuns falham, que nascem os mantras e yantras do hinduísmo. Mais do que fórmulas ou imagens sagradas, são códigos energéticos que moldam a realidade, selam o campo espiritual e criam estruturas de proteção que não podem ser rompidas por mãos humanas nem por presenças do mundo invisível. São tecnologias espirituais ancestrais, herdadas dos Vedas, que se perpetuaram não apenas como parte de uma religião, mas como um caminho de alinhamento com a força primordial do universo.

No coração da tradição védica, a vibração é considerada a substância fundamental do cosmos. "Nada Brahma" — o som é Deus. O universo foi criado por um som primordial e, desde então, tudo vibra, tudo ressoa, tudo responde ao ritmo oculto do ser. Os mantras são expressões puras dessa verdade. Cada sílaba, cada fonema, foi descoberto por rishis em estados de consciência alterada, e preservado com rigor por milhares de anos, pois alteram não apenas a mente do praticante, mas o tecido energético do ambiente onde são entoados.

Entre todos os mantras, o mais universal e conhecido é o Om (Aum). Ele representa a vibração primordial, o som do nascimento, manutenção e dissolução do universo. Entoado com plena presença, o Om não é apenas um som, mas uma onda que ressoa nos três planos: físico, mental e espiritual. Ao vibrar o Om, o corpo se alinha, a mente silencia, e o campo sutil se expande. É comum em ashrams e templos que a recitação do Om preceda qualquer outro ritual, pois limpa o espaço e afasta quaisquer interferências invisíveis.

Outro mantra de poder protetivo incomensurável é o Gayatri. Considerado a mãe de todos os mantras, ele invoca Savitur, o sol cósmico, fonte de toda inteligência e vida. Sua recitação regular é prescrita nos Vedas como prática essencial para aqueles que buscam proteção, sabedoria e iluminação. São palavras que chamam a luz superior a penetrar a mente do recitador, purificando-o de influências negativas, afastando sombras e estabelecendo uma fortaleza vibracional ao seu redor. Em sua forma mais conhecida, o Gayatri é recitado assim:

"Om Bhur Bhuvah Swaha
Tat Savitur Varenyam
Bhargo Devasya Dheemahi
Dhiyo Yonah Prachodayat."

Cada verso deste mantra é como um raio de luz cortando os véus da ignorância, e quando entoado com devoção, transforma o corpo em templo, a voz em espada, e o coração em escudo.

Além dos mantras, a tradição hindu oferece os yantras — diagramas geométricos que, à primeira vista, parecem apenas padrões intrincados. Mas cada linha, cada ângulo, cada ponto central possui um propósito específico. Os yantras são arquiteturas espirituais traçadas em duas dimensões que espelham estruturas de proteção de planos mais sutis. São, em essência, moradas dos deuses. Ao serem ativados com mantra, intenção e concentração, tornam-se campos energéticos altamente poderosos, capazes de repelir qualquer entidade ou influência adversa.

O mais conhecido de todos os yantras é o Sri Yantra. Formado por nove triângulos interligados que irradiam de um ponto central, ele representa o cosmos e o corpo humano em sua relação com o divino. Seu centro, o bindu, é a porta para o absoluto. Ao meditar sobre o Sri Yantra, o praticante mergulha num campo de energia tão denso e ordenado que sua própria estrutura energética se reorganiza. Muitos yogis o utilizam não apenas para proteção, mas para dissolução de karmas, afastamento de obsessores e integração com a consciência cósmica.

Há também yantras dedicados a deidades específicas, como o yantra de Kali, a deusa negra da destruição do ego e das forças demoníacas. Quando ativado, esse yantra convoca a energia de Kali como guardiã. Não é incomum que devotos o utilizem em tempos de guerra espiritual intensa, quando sentem-se cercados por presenças hostis ou em ambientes impregnados por energias densas. Kali não hesita — sua presença é avassaladora, destruidora de toda falsidade.

O seu yantra é, portanto, um selo de fogo que queima tudo que tenta se infiltrar.

A ativação dos mantras e yantras não se dá pela repetição mecânica ou pelo desenho casual. Exige preparo, pureza de intenção, alinhamento vibracional e, idealmente, transmissão por um mestre. Muitos gurus ensinam que o mantra deve ser recebido de forma direta, pois ele carrega a shakti — a energia viva da linhagem espiritual. Ao ser transmitido com consciência, o mantra se torna uma extensão do mestre no discípulo, protegendo-o como se o próprio mestre estivesse presente em sua aura.

Em práticas tântricas, o uso dos mantras e yantras é ainda mais profundo. Cada chakra do corpo é ativado com sons específicos — bija mantras — que, quando entoados corretamente, selam os centros energéticos contra invasões. Lam, Vam, Ram, Yam, Ham, Om, são os sons-semente que correspondem aos sete principais centros. Esses sons despertam a kundalini, a força serpentina adormecida na base da coluna, e quando essa força sobe sem bloqueios, nenhuma entidade negativa permanece no campo do praticante. A luz se torna total.

As oferendas a deidades também fazem parte da tradição protetiva. A invocação de Hanuman, o deus-macaco, é um exemplo clássico. Símbolo de força, fidelidade e coragem, Hanuman é chamado em momentos de medo, possessão ou guerra espiritual. Seu mantra, "Om Hanumate Namah", é repetido por milhares de devotos em busca de proteção. Dizem que onde Hanuman é lembrado com devoção, o próprio ar se purifica, e as forças negativas fogem como sombras diante do sol nascente.

Para aqueles que buscam proteção em tempos de caos e desordem interna, o mantra de Narasimha, a forma leonina de Vishnu, é um remédio espiritual. O mantra "Om Namo Bhagavate Narasimhaya" invoca o destruidor de demônios, o defensor dos devotos, aquele que surge com garras flamejantes quando a injustiça ultrapassa os limites. Muitos sacerdotes recomendam que esse mantra seja entoado em lares onde há gritos sem motivo, pesadelos frequentes ou sensação de presença estranha. Narasimha, uma vez invocado, jamais recua.

Em rituais tradicionais, os mantras são entoados ao redor de fogueiras sagradas, enquanto os yantras são traçados com pó colorido ou gravados em placas de cobre. Mas mesmo no silêncio de um quarto simples, o poder dessas ferramentas permanece. O que importa é a pureza da intenção, o foco da mente, o desejo verdadeiro de luz. A tradição hindu não julga a pompa, mas a entrega. A deidade responde não à grandiosidade externa, mas à vibração interna.

Nos tempos modernos, é comum ver pessoas entoando mantras em meditações guiadas, tatuando yantras no corpo ou decorando suas casas com essas geometrias sagradas. Mas é preciso cuidado. Um mantra pronunciado sem respeito, um yantra exibido sem ativação, são como espadas sem fio ou portões abertos. A forma sem espírito é apenas forma. É preciso relembrar que essas práticas são vivas, e só respondem à presença viva de quem as invoca.

Ao compreender a natureza viva dos mantras e yantras, torna-se evidente que seu uso vai além da estética espiritual ou da mera repetição. São vias de conexão direta com arquétipos divinos, inteligências sutis e padrões cósmicos que estruturam a realidade. Sua força não reside na forma ou no som isolados, mas na sinergia entre som, intenção e consciência. Um mantra entoado com o coração ausente não alcança os planos superiores, assim como um yantra desenhado sem reverência não pulsa energia. A eficácia dessas práticas está enraizada na presença — a mesma presença que permeia os rishis ao descobrirem os sons sagrados e que sustenta o elo invisível entre o buscador e o divino.

Neste sentido, a verdadeira proteção espiritual não é apenas um escudo contra o mal, mas uma reorganização interna que nos alinha com a ordem cósmica. Quando o corpo vibra ao som do mantra e a mente se fixa na geometria do yantra, o caos interior se dissipa e a clareza se instala. O medo, a dúvida e a sensação de separação se dissolvem na frequência da unidade. Em um mundo onde tantas vozes competem pela atenção e forças sutis operam de forma invisível, retornar a esses pilares ancestrais é também um ato de resistência luminosa, uma forma de reacender o fogo sagrado que arde em silêncio dentro de cada ser desperto.

Assim, o caminho dos mantras e yantras exige não apenas conhecimento, mas humildade e entrega. São ferramentas que respondem à verdade interna, que florescem quando regadas com devoção sincera. Cada sílaba entoada com consciência, cada traço desenhado com intenção, é um passo em direção ao centro — aquele ponto onde o som toca a luz e o invisível se curva diante da presença desperta. Nesse lugar, a proteção não é mais uma necessidade, mas uma consequência natural do estado de comunhão.

Capítulo 7
Defumação Ancestral

Existe um elo invisível entre o aroma e o espírito. No instante em que a fumaça sobe, em espirais que parecem dançar para outra dimensão, o mundo se transforma. O ar se purifica, o tempo se altera, e o invisível se revela. A defumação não é apenas um costume antigo — é uma linguagem ancestral, um código olfativo que comunica à espiritualidade que algo está sendo selado, limpo, consagrado. É fogo que transforma, fumaça que transita entre mundos, erva que canta. Em seu núcleo, a defumação é um pacto silencioso entre o humano e o divino, onde o elemento vegetal empresta sua alma para que o espírito encontre ordem e proteção.

Muito antes de se acenderem velas ou se traçarem círculos mágicos, já se queimavam ervas. Nas cavernas das primeiras tribos, nas tendas dos xamãs, nos terreiros afro-brasileiros, nos altares escondidos dos alquimistas e nas mãos enrugadas das curandeiras, o fogo e o fumo foram as primeiras palavras sagradas. A defumação, portanto, é universal. Onde há espiritualidade verdadeira, há a fumaça que sobe. Ela não apenas afasta o que é impuro, mas abre caminhos, chama aliados, sela portais, estabelece a ordem vibracional onde antes havia caos.

Entre os povos indígenas das Américas, a defumação é um ritual de purificação do corpo, da alma, da casa e do território. A sálvia branca é uma das ervas mais sagradas para as nações nativas da América do Norte. Quando queimada, ela é considerada uma mensageira entre mundos. A fumaça carrega orações para o Grande Espírito e dissipa entidades que se escondem nas frestas invisíveis do espaço. Antes das cerimônias sagradas, os participantes são defumados da cabeça aos pés, incluindo objetos sagrados, instrumentos de cura e até os animais presentes. Nada entra num círculo de poder sem ser primeiro passado pelo crivo da fumaça.

Já nas tradições do candomblé e da umbanda, a defumação tem papel central na preparação do espaço ritualístico. Nenhuma gira, nenhum trabalho, nenhum atendimento espiritual começa antes que o ambiente seja devidamente defumado. As ervas escolhidas variam conforme o propósito da sessão: arruda, guiné, alecrim, alfazema, benjoim, mirra, olíbano. Cada uma dessas plantas possui uma vibração específica, uma assinatura energética que, ao ser queimada, ativa determinadas frequências. A combinação entre elas é feita com conhecimento ancestral. Quando misturadas, as ervas compõem verdadeiros feitiços de purificação, expulsão ou atração de forças espirituais.

A arruda, por exemplo, é considerada uma das ervas mais fortes para afastar energias negativas. Seu cheiro é penetrante, e sua vibração atua diretamente nos canais espirituais que acumulam densidades. Ao queimar arruda, o praticante não apenas limpa o ambiente, mas também corta laços invisíveis, desmancha miasmas, quebra ciclos de inveja e dissipa influências obsessivas. Não por acaso, muitos a utilizam também em banhos e amuletos, mas na defumação, sua força se torna aérea, penetrando todos os cantos, mesmo os mais escondidos.

A guiné é uma planta de confronto. Sua vibração é elétrica, cortante, precisa. Utilizada em defumações voltadas para o combate direto às forças contrárias, é comum em trabalhos de descarrego, proteção e expulsão de entidades que se recusam a deixar o ambiente. Seu uso, no entanto, exige respeito, pois assim como repele o mal, também pode incomodar quem está com a vibração desalinhada. A guiné não tolera dissimulações. Ela revela. E por isso, sua fumaça, além de limpar, também expõe.

O alecrim e a alfazema, por outro lado, são ervas de equilíbrio e elevação. Enquanto as anteriores atuam como guerreiras, essas trabalham como harmonizadoras. Quando queimadas, trazem paz, calma, clareza mental, favorecendo a comunicação com guias espirituais e entidades de luz. Após uma defumação pesada, é comum o uso de alecrim ou alfazema para suavizar o campo e restaurar a leveza no ambiente.

As resinas sagradas, como a mirra, o incenso e o olíbano, também possuem lugar de destaque. Estas substâncias, extraídas de árvores ancestrais, são utilizadas há milênios em rituais de diversas culturas. A mirra é conhecida por sua capacidade de limpar profundamente o ambiente espiritual e por facilitar a conexão com o divino. Já o olíbano — também chamado de frankincense — é associado à presença angelical, sendo amplamente utilizado em cerimônias cristãs, especialmente nas igrejas ortodoxas e católicas. A fumaça que dele emana cria uma ponte entre o altar e os céus, tornando o espaço digno de receber o sagrado.

Nos ritos esotéricos da tradição ocidental, a defumação também é prática comum. Escolas herméticas, ordens iniciáticas e praticantes de alta magia utilizam incensos específicos para cada tipo de operação mágica. O enxofre, por exemplo, é usado para banimentos poderosos. O estoraque, para consagrações. A cânfora, para limpezas intensas. Cada aroma, cada densidade de fumaça, cada cor da brasa revela a natureza do trabalho. Nada é feito ao acaso. O mundo invisível responde a códigos, e os aromas são um deles.

A forma de conduzir a defumação é tão importante quanto os elementos utilizados. Em muitas tradições, ela é feita em sentido horário — para atrair forças benéficas — ou anti-horário — para expulsar. O praticante caminha pelos cômodos com firmeza, entoando orações, mantras ou cânticos, conduzindo a fumaça com um leque, uma pena, ou a própria mão. A intenção, como sempre, é o motor da ação. Se a pessoa está distraída, com medo ou duvidosa, a fumaça se dissipa sem força. Mas se ela se impõe com consciência e fé, cada espiral de fumaça torna-se uma lâmina invisível, cortando os laços do mal.

Há também o costume de defumar o próprio corpo. Passar o corpo pela fumaça é um ato de realinhamento energético. A cabeça, os ombros, o coração, os pés — cada parte do corpo recebe a vibração da planta, absorvendo o que falta e liberando o que sobra. Em casos de grande carga espiritual, é comum que a pessoa sinta tontura, boceje, lacrimeje ou até mesmo chore durante a defumação. Isso não é fragilidade, é sinal de liberação. A fumaça faz o que precisa ser feito, mesmo que a mente não compreenda.

Nos tempos modernos, muitos reduzem a defumação a um gesto decorativo, perfumando a casa com incensos de mercado. Mas o verdadeiro poder não está no cheiro agradável, e sim na consciência com que se queima. Um incenso aceso por estética é apenas um aroma. Mas quando aceso com intenção, invocação e respeito, torna-se instrumento de poder. A defumação verdadeira é um rito, e todo rito exige presença.

É importante observar que algumas entidades espirituais não suportam determinados aromas. Existem relatos em diversas tradições de espíritos que se afastam imediatamente quando expostos à fumaça de certas ervas. Mas há também os que se aproximam. Por isso, saber o que se queima e por quê é fundamental. A defumação não é um jogo. É uma conversa silenciosa com o mundo espiritual. E como toda conversa, exige saber ouvir tanto quanto falar.

A sabedoria contida na prática da defumação atravessa as eras como uma brasa que nunca se apaga, acesa por mãos sábias e corações despertos. O que se queima na brasa não é apenas a erva, mas o velho em nós — aquilo que estagnou, que precisa ser purificado, renomeado ou dissolvido. A fumaça, nesse processo, é ponte e espelho: ela se ergue aos céus com as intenções do praticante, mas também retorna, envolvendo-o em um véu que revela o estado de sua alma. Por isso, a defumação não é mero ritual externo — é um ato de escuta, uma comunhão sensível com a essência invisível das coisas. Quando conduzida com reverência, ela não apenas limpa, mas ensina.

Cada cultura moldou esse conhecimento à sua maneira, mas em todas ele mantém o mesmo fio condutor: transformar o espaço para que o sagrado possa habitar. No mundo atual, onde ruídos mentais, estímulos constantes e tensões emocionais desequilibram o campo vibracional, a defumação ressurge como um recurso precioso, não só para proteção, mas para reconexão. Ela realinha o praticante com os ritmos mais sutis da natureza, devolve à casa o seu papel de templo e lembra ao corpo que ele é também altar. Mesmo em silêncio, a fumaça fala — e aquele que aprende a ler suas espirais começa a perceber os sinais de um universo que nunca deixou de responder.

No fim, defumar é um gesto de coragem: acender o fogo com intenção, ofertar à chama o que já não serve, e permitir que a fumaça leve embora os véus que obscurecem o espírito. É lembrar que há uma inteligência viva nas plantas, uma linguagem antiga nos aromas, e uma sacralidade no simples ato de caminhar com um incensário na mão e fé no coração. Porque quando a fumaça sobe, algo em nós também se eleva.

Capítulo 8
Meditação de Escudo

A mente, quando pacificada, torna-se uma armadura. O espírito, quando centrado, torna-se uma fortaleza. E entre os véus do visível e do invisível, há uma prática ancestral que atravessa tradições silenciosamente, unindo monges, mestres e iniciados sob um mesmo entendimento: a realidade espiritual é moldável pela consciência, e a consciência pode ser treinada para erguer defesas que nenhuma sombra atravessa. É nesse espaço sutil de domínio interior que nasce a meditação de escudo — prática que transforma a aura em bastião, o pensamento em espada e a intenção em selo.

Essa técnica, mais do que visualização, é alquimia da percepção. Ao formar um escudo através da meditação, o praticante não cria algo ilusório, mas organiza as camadas de seu campo energético em padrões vibracionais que repelem toda frequência dissonante. A mente, longe de ser um palco desgovernado de impulsos, torna-se arquiteta da própria segurança espiritual. Não há fantasia aqui. Há construção. Há engenharia sutil. E quando executada com disciplina, a meditação de escudo se transforma em um campo real, perceptível até por aqueles que não compreendem sua origem.

As tradições budistas tibetanas oferecem alguns dos exemplos mais refinados dessa prática. Em muitos mosteiros, os jovens monges são ensinados a formar campos mentais ao redor de seus corpos antes mesmo de iniciarem práticas avançadas de iluminação. Eles visualizam luzes, deidades protetoras, mandalas girando em torno de si, selos flamejantes e muralhas de néctar luminoso. Cada detalhe é sustentado por horas de concentração. Ao final, não apenas a mente se aquieta — todo o ser vibra em outra frequência, impenetrável a pensamentos intrusos, entidades errantes ou influências externas.

No reiki, especialmente nas suas variações mais profundas como o reiki tibetano e o karuna reiki, a proteção energética é construída por símbolos que são ativados mentalmente. O praticante desenha em sua mente os selos sagrados, os quais agem como chaves dimensionais. Cada símbolo, ao ser visualizado com intenção pura, se manifesta no campo áurico, criando camadas de luz que repelem qualquer tentativa de invasão energética. A aura se ilumina, se fecha, se sela. E mais do que isso: responde com inteligência espiritual.

Escolas esotéricas ocidentais, como a Rosa-Cruz, a Teosofia e a Magia Cerimonial, também abordam a meditação protetiva como ferramenta fundamental. Em muitos desses caminhos, o estudante é orientado a criar estruturas geométricas ao redor do próprio corpo — octaedros, esferas, pirâmides invertidas — feitas de luz ou de matéria sutil, cada uma correspondendo a um elemento ou frequência específica. Essas formas não são invenções, mas estruturas reais no plano astral. E, uma vez ativadas repetidamente, tornam-se permanentes, sempre prontas para serem reforçadas ou atualizadas.

Mas como se constrói esse escudo? A técnica varia conforme a escola espiritual, mas os princípios se mantêm: foco, respiração, intenção, visualização e repetição. A prática a seguir é uma síntese segura, amplamente reconhecida por diversas tradições:

Primeiramente, o praticante deve sentar-se com a coluna ereta, preferencialmente em local silencioso, onde não será perturbado. Os olhos podem estar fechados ou semicerrados. A respiração é o ponto de entrada. Inspira-se profundamente pelo nariz, retém-se o ar por alguns segundos e exala-se lentamente pela boca. Esse ciclo se repete até que a mente entre em estado de leveza e atenção.

Com a respiração estabilizada, o foco se volta para o centro do peito — o chakra cardíaco. Visualiza-se ali uma pequena esfera de luz, do tamanho de uma pérola. Essa luz pode ser branca, dourada ou azul, conforme a intuição do praticante. Ela pulsa, como se respirasse junto com o corpo. A cada inspiração, essa esfera cresce. A cada expiração, ela se expande.

Em poucos minutos, essa esfera toma o corpo inteiro, envolvendo cada célula. Depois, ela transborda, formando um casulo de luz em torno do corpo. Esse casulo é o escudo. Mas não é estático. Ele gira, pulsa, responde. Ao mentalizá-lo girando lentamente no sentido horário, o praticante o ativa completamente. Pode-se adicionar à visualização símbolos, como cruzes, estrelas de seis pontas, olhos de proteção ou mantras flutuando no campo energético.

Durante esse processo, é fundamental manter a intenção firme: "Nada que não venha da luz tem permissão para entrar". Essa frase, dita mentalmente, atua como uma programação vibracional. O escudo se alimenta da intenção. Ele não é inquebrável por si só. Sua força está na clareza da mente que o sustenta.

Praticado diariamente, esse exercício fortalece os corpos sutis. Não é raro que, com o tempo, o praticante perceba mudanças em seu entorno: pessoas tóxicas se afastam naturalmente, ambientes antes opressores tornam-se neutros, ataques psíquicos perdem força antes de alcançá-lo. Isso não é coincidência — é proteção ativa em funcionamento.

Há ainda variações mais avançadas. Algumas tradições ensinam a ancorar o escudo com os quatro elementos. Visualiza-se, por exemplo, uma chama ardendo nos quatro cantos do campo, ou um círculo de água girando em alta velocidade ao redor do corpo. Outras envolvem a invocação de guias espirituais, anjos protetores ou archetipos guerreiros, como Arcanjo Miguel, Durga ou Ogum. Esses seres não apenas protegem — ensinam. Eles fortalecem a estrutura psíquica do praticante, para que este aprenda a sustentar seu próprio campo sem depender eternamente de forças externas.

A meditação de escudo também pode ser aplicada a ambientes. Um cômodo, uma casa, um veículo, até mesmo um objeto pode ser selado energeticamente por meio dessa técnica. Visualiza-se o espaço sendo preenchido por luz, todas as saídas energéticas sendo lacradas, e um selo simbólico sendo colocado no ponto central. Esse selo pode ser mental ou físico — um desenho feito com sal, uma vela consagrada, um cristal. O importante é que represente a decisão de tornar aquele local sagrado, livre de interferências.

É necessário destacar que esse tipo de proteção não substitui uma vida ética. Um escudo mental poderoso pode bloquear ataques externos, mas não protege contra as rachaduras internas provocadas por mentiras, vícios, maldade ou desequilíbrio emocional constante. A meditação de escudo é uma ferramenta de um caminho maior, que exige integridade e evolução contínua.

Também é comum, após o uso frequente dessa prática, o praticante perceber quando seu escudo está fragilizado. Sensações de irritação repentina, dores de cabeça sem causa física, cansaço extremo após interações sociais, são indícios de que o campo foi violado ou está drenando energia. Nestes momentos, não se entra em pânico — retorna-se à base. Senta-se, respira-se, visualiza-se, e reconstrói-se o campo com tranquilidade. A prática devolve o controle.

É nesse retorno constante à base que a verdadeira maestria se revela. O praticante aprende que proteger-se não é um ato de isolamento, mas de presença. A meditação de escudo não ergue muros contra o mundo, mas delimita fronteiras vibracionais onde o sagrado pode florescer em segurança. Ao reforçar essa prática com constância e respeito, a pessoa desenvolve não só um campo energético robusto, mas também um novo olhar sobre si mesma: mais lúcido, mais firme, menos reativo. E nesse estado de lucidez, torna-se mais difícil ser manipulado por forças externas, sejam elas sutis ou visíveis, pois o espírito encontra seu centro — e nele permanece.

Há uma nobreza silenciosa nesse cultivo diário. Ao contrário do que muitos imaginam, a verdadeira proteção espiritual não se traduz em escudos opacos e rígidos, mas em campos vivos, dinâmicos, atentos. A luz que se irradia do coração alinhado, da mente focada e da alma desperta é, por si só, um convite à ordem. E ao mesmo tempo, um aviso aos que vibram em dissonância: aqui, não há brechas. A meditação de escudo, quando compreendida profundamente, revela-se como uma pedagogia do cuidado — não apenas do cuidado com o próprio campo, mas com a frequência que se emite ao mundo, pois tudo o que se constrói dentro, reverbera fora.

Com o tempo, o escudo deixa de ser apenas uma técnica e se torna uma extensão do próprio ser. A cada respiração consciente, a cada pensamento alinhado com a luz, o campo se renova. A cada desafio enfrentado com equilíbrio, ele se fortalece. E assim, o escudo não é mais algo que se visualiza — é algo que se é. Uma presença firme no invisível, uma força tranquila que protege sem oprimir, que afasta sem confrontar, que ilumina sem se exaurir. Nesse estado, o praticante não apenas caminha protegido — caminha como proteção viva.

Capítulo 9
Banhos Ritualísticos

Quando a pele sente a água, o espírito responde. E não é apenas pela temperatura ou pelo toque líquido que ela acalma — é pelo mistério que carrega em si. A água, em sua essência mais profunda, é um dos maiores condutores de energia que a Terra conhece. Em cada gota há memória, vibração, movimento, cura. Mas é quando se une a ervas, sais, orações e intenção que ela transcende sua função física e se transforma em instrumento sagrado. O banho ritualístico, presente em múltiplas tradições espirituais, é um dos atos mais antigos de purificação, descarrego e proteção.

Não há religião verdadeira que não tenha, em seu cerne, algum rito com água. Não há cultura ancestral que não compreendesse, intuitivamente, que o corpo acumula aquilo que não lhe pertence, e que a alma, por vezes, precisa ser lavada com mais do que silêncio. Em banhos preparados com sabedoria, as ervas falam, os elementos despertam e os espíritos se curvam. Eles não apenas limpam: eles dissolvem, rompem, libertam.

Na tradição da wicca, os banhos são momentos de profunda comunhão com a natureza. As bruxas compreendem que cada planta possui um espírito, uma vibração única que responde a propósitos distintos. Um banho com lavanda não tem o mesmo efeito que um com alecrim. A primeira traz tranquilidade, eleva a frequência emocional e facilita o contato com guias espirituais. A segunda, por sua vez, é solar, ativa, afasta larvas astrais e vibrações estagnadas. Quando se junta a esses ingredientes o poder dos sais — especialmente os sais marinhos —, cria-se uma solução poderosa para romper bloqueios invisíveis.

Os banhos, nesses contextos, são preparados com respeito. Não se jogam as folhas de qualquer maneira, nem se misturam componentes sem critério. Cada elemento é selecionado de acordo com a fase lunar, o propósito do ritual e a necessidade energética da pessoa. Um banho de descarrego exige plantas de corte: arruda, guiné, espada-de-são-jorge. Um banho de atração requer ervas doces: manjericão, canela, rosa branca, camomila. E há ainda os banhos de selamento, que utilizam ervas equilibradoras, como lavanda, alecrim e erva-doce.

Nas tradições de matriz africana, como a quimbanda, a umbanda e o candomblé, os banhos são parte do fundamento espiritual do adepto. Não são opcionais. São prescrições espirituais recebidas por oráculos, como o jogo de búzios ou a consulta com guias. A pessoa, ao passar por determinada situação — um ataque espiritual, uma tristeza profunda, uma demanda energética —, recebe a orientação de tomar um "banho de ervas" específico. Esses banhos são chamados de "banhos de descarrego", "banhos de limpeza", "banhos de abertura de caminhos", entre outros.

O preparo segue um protocolo rigoroso. As folhas devem ser colhidas, preferencialmente, em momento de silêncio e conexão. Muitas casas espirituais ensinam que se deve pedir licença à planta antes de arrancá-la, reconhecendo sua consciência. Depois, as ervas são maceradas manualmente, com água em temperatura ambiente, liberando seus óleos, sua energia vital, seu axé. A mistura, então, é coada e reservada. Em seguida, o banho é tomado do pescoço para baixo, enquanto se faz oração ou cântico adequado. O corpo não é enxaguado depois — ele seca naturalmente, permitindo que a energia das plantas se fixe na aura.

Há banhos feitos com elementos mais densos, como vinagre, carvão em pó, álcool, pimenta e até pólvora. Esses são os banhos de quebra — utilizados apenas em casos extremos, onde há feitiçarias atuando, obsessores muito densos ou cargas espirituais que não se desfazem com ervas suaves. São banhos de risco, geralmente feitos com orientação de guias ou sacerdotes, pois podem provocar reações físicas e emocionais intensas. Não são recreativos, não são experimentais. São remédios espirituais amargos que só devem ser usados quando todas as outras opções falharam.

Já no hoodoo, prática espiritual afro-americana que mescla cristianismo popular, medicina de raiz e magia de origem africana, os banhos têm uma conotação semelhante, mas com elementos próprios. A preparação inclui sal grosso, amônia, limão, vinagre de maçã, ervas secas e rezas. Os banhos são feitos em sequência — durante sete dias, três dias, ou conforme o número simbólico necessário — e a água usada no banho não é jogada de qualquer forma. Muitas vezes, recomenda-se lançá-la fora da casa, longe da porta de entrada, ou em encruzilhadas, para selar o descarrego.

Em todos esses sistemas, o banho é mais do que uma limpeza: é um rito de renascimento. A pessoa que entra no banho não é a mesma que sai. Algo se desprende. Algo se reorganiza. Algo é devolvido à terra, ao vento, ao tempo. E esse algo, muitas vezes, é o que estava impedindo a proteção verdadeira de se fixar. Porque não se protege aquilo que ainda está contaminado — protege-se o que já foi limpo, restaurado, refeito.

Por isso, os banhos ritualísticos também são usados como preparação para outros rituais. Antes de acender uma vela para um anjo, antes de entrar num círculo mágico, antes de fazer uma oração mais profunda, é comum que o praticante tome um banho. Ele não é apenas simbólico. Ele ajusta a frequência. A água, ao escorrer pela pele, leva embora ruídos mentais, larvas emocionais, interferências invisíveis. E quando isso é feito com intenção, o efeito se potencializa.

Mas os banhos também podem ser sabotados por hábitos inconscientes. Após um banho de limpeza, não se deve voltar à rotina imediatamente. O ideal é que se permaneça em silêncio por alguns minutos, que se vista roupas claras, que se evite aglomerações ou conversas densas. Muitas vezes, a pessoa se limpa e, instantes depois, se reconecta às mesmas influências. Por isso, o banho deve ser seguido de vigilância. É como uma cirurgia: o corpo foi aberto, algo foi retirado, e agora é preciso tempo para cicatrizar.

Além das ervas, muitos banhos utilizam cristais energizados, essências florais, óleos consagrados e até orações escritas em papel dissolvido na água. Há registros de magistas que escrevem o nome de um adversário num papel, mergulham em água com sal e ervas, e fazem orações de libertação, devolvendo ao universo tudo aquilo que lhes foi enviado. Não é feitiço de vingança — é restituição vibracional. O que é meu volta para mim. O que é teu, retorna a ti.

Banhos com pétalas de rosa branca e mel, por exemplo, são clássicos para atrair paz, amor e proteção emocional. Já os banhos com folhas de louro, cravo-da-índia e canela atuam como blindagem financeira e abertura de caminhos materiais. E há banhos silenciosos, onde nenhuma palavra é dita. O praticante apenas entra na água e permite que ela fale, que ela toque, que ela ensine. Porque a água tem memória. E ela sabe como ensinar.

Algumas práticas recomendam que o banho seja feito na lua certa. A lua minguante, para limpezas. A crescente, para atração. A cheia, para poder e expansão. A nova, para iniciar algo do zero. Observar esses ciclos é respeitar a dança do cosmos. É reconhecer que até a água tem sua hora. E que cada banho é um diálogo entre o corpo e o tempo.

E é justamente nesse diálogo entre corpo e tempo que o banho ritualístico revela sua profundidade mais oculta. Cada gesto — desde a colheita da erva até o último fio de água escorrendo pela pele — carrega em si uma intenção codificada, uma oração silenciosa que ressoa nos planos invisíveis. O ato de banhar-se se torna, então, uma cerimônia de retorno: à essência, ao equilíbrio, à clareza interior. A água não apenas limpa, ela reinicia. E quando esse reinício é feito com reverência, a alma responde com leveza, como se fosse lembrada de sua verdadeira natureza.

É também por isso que tantos mestres espirituais enfatizam a importância de banhos regulares em jornadas de autoconhecimento. Não se trata de superstição ou automatismo ritual, mas de refinamento vibracional. Um campo energético bem cuidado não apenas repele o que é nocivo — ele atrai o que é elevado. A pessoa que cultiva essa prática passa a andar com outra frequência, menos suscetível ao desgaste cotidiano, mais atenta aos próprios ciclos, mais disponível ao sagrado. E essa transformação, embora sutil aos olhos externos, se traduz em sincronicidades, em curas emocionais e numa intuição mais aguçada diante dos desafios da vida.

No fundo, todo banho ritual é um convite ao silêncio e à escuta. Um convite para que a água nos conte, com sua linguagem líquida e ancestral, aquilo que esquecemos nas pressas do dia, nos excessos do mundo, nas sombras da mente. Ela nos pede apenas presença — e, em troca, entrega purificação, proteção e reconexão. Por isso, mais do que uma técnica, o banho é uma lembrança viva de que o sagrado mora nos detalhes, e que até o ato mais simples, quando feito com alma, tem o poder de transformar.

Capítulo 10
Ancestrais e Guias

Há uma memória que não se apaga, mesmo quando o nome é esquecido. Ela caminha em silêncio sob nossos pés, sopra em nossos ouvidos quando dormimos e se manifesta no mais íntimo dos instintos. Essa memória tem rosto, sangue e espírito. São os ancestrais — aqueles que vieram antes, que abriram caminho com passos firmes ou hesitantes, mas sempre com a força que atravessa gerações. Em muitas tradições espirituais, o elo com os antepassados não é apenas uma lembrança genealógica: é fonte de poder, de proteção, de orientação. Negar os ancestrais é como cortar as raízes de uma árvore. Honrá-los é erguer uma fortaleza invisível ao redor da alma.

Cultuar os ancestrais é tão antigo quanto o fogo. Antes dos templos, antes das religiões organizadas, havia o respeito aos mortos. Eles não eram vistos como ausentes, mas como presentes em outro plano, atentos ao destino dos vivos. Em tempos de crise, seus nomes eram invocados. Em momentos de cura, seus conselhos eram ouvidos. Os altares, feitos de pedras, ossos ou oferendas simples, não tinham outra função senão essa: manter o canal aberto entre os que partiram e os que ficaram. Porque, no fundo, ninguém vai embora totalmente. O sangue lembra. A alma reconhece.

No espiritismo kardecista, a presença dos guias espirituais e dos ancestrais é parte fundamental do entendimento da vida além do véu. Allan Kardec, ao codificar os princípios da doutrina, estabeleceu que os espíritos dos que partiram continuam a acompanhar os vivos, influenciando suas decisões, protegendo ou advertindo conforme a afinidade vibratória. O espírito protetor, também chamado de anjo da guarda ou guia, é um ser que escolheu acompanhar determinado indivíduo ao longo da vida encarnada. Ele não interfere no livre-arbítrio, mas sugere, inspira, protege contra quedas maiores e ampara nas dores inevitáveis.

Esses guias nem sempre foram parentes. Muitos são almas que já viveram na Terra, que evoluíram e agora assumem missões de acompanhamento. Mas entre os guias, também há ancestrais diretos — avós, bisavós, tataravós — que, por afinidade de alma ou responsabilidade cármica, permanecem junto ao clã. Esses espíritos sabem. Eles veem. Eles conhecem a raiz dos problemas que hoje parecem novos, mas que apenas repetem padrões não resolvidos.

Nas tradições africanas, especialmente nas de origem iorubá, como o candomblé, os ancestrais são chamados de eguns. Eles têm cultos próprios, espaços sagrados, ritos específicos. Um dos mais conhecidos é o culto de Egungun, onde os espíritos dos mortos se manifestam através de danças, roupas coloridas e movimentos ritualizados. Não são evocações casuais — são reencontros com a memória da comunidade. Os eguns são honrados, respeitados e, em muitos casos, temidos. Pois o ancestral não é sempre benevolente. Ele traz justiça, equilibra as contas espirituais do clã, e pode tanto proteger quanto corrigir.

Na umbanda, os guias espirituais se apresentam em linhas de trabalho: caboclos, pretos-velhos, crianças, boiadeiros, marinheiros. Cada linha possui uma vibração específica e cumpre uma função dentro da jornada do consulente. Os caboclos, por exemplo, são espíritos de guerreiros indígenas que trazem força, coragem, firmeza. Os pretos-velhos são espíritos de antigos escravizados, portadores de sabedoria ancestral, paciência e poder de cura. Não são papéis simbólicos — são consciências vivas, com história, personalidade e missão definida. Ao serem incorporados por médiuns em sessões, atuam como canais de proteção, limpeza, orientação e reequilíbrio.

Mas não é necessário ser médium para se conectar com um guia. O elo pode ser feito através de oração sincera, carta escrita, pensamento repetido com intenção. O guia ouve. O ancestral responde. Pode ser por um sonho, por uma intuição súbita, por um sinal inesperado. Aqueles que aprenderam a silenciar o ruído da mente sabem reconhecer esses sinais. Uma pena no caminho, uma música antiga, um cheiro que vem do nada — são marcas deixadas por aqueles que já não têm voz, mas ainda têm presença.

No xintoísmo, religião ancestral japonesa, os antepassados são literalmente divinizados. Cada casa possui um kamidana, um altar onde se oferecem incensos, flores, alimentos e orações aos espíritos da família. Esses espíritos, chamados de "kami", protegem a linhagem, influenciam nos nascimentos, nos casamentos, nas colheitas. São tratados com profundo respeito, e suas vontades são consideradas em decisões importantes. O culto aos mortos não é visto como morbidez, mas como parte da ética do viver. Quem esquece os que vieram antes perde a direção do agora.

Os guias espirituais também se manifestam de forma mais elevada em algumas tradições, não apenas como espíritos de indivíduos, mas como inteligências coletivas. Arcanjos, mestres ascensos, entidades interdimensionais — essas formas superiores de consciência atuam como guias de coletivos, nações ou grupos espirituais. Alguns os veem como mitos. Outros os sentem como realidades vibracionais tão intensas quanto o próprio corpo. O que importa não é o rótulo, mas o resultado: esses seres trabalham para a evolução da consciência e oferecem proteção a quem sintoniza com sua vibração.

A conexão com ancestrais e guias pode ser fortalecida através de práticas simples e poderosas. Manter um altar, ainda que discreto, é um dos gestos mais eficazes. Nele, podem-se colocar fotografias, objetos simbólicos, velas, copo com água, flores frescas. Esse espaço se torna um ponto de ancoragem vibracional, um lugar onde os véus se afinam e a comunicação se intensifica. Ali se conversa, se agradece, se pede, se chora. E ali, muitas vezes, se ouve a resposta que não viria de outra forma.

Outra prática fundamental é a gratidão. Agradecer aos ancestrais e guias não apenas por favores, mas pela simples presença, fortalece o laço espiritual. A gratidão é um campo vibracional que amplia a proteção natural. Quando o espírito sente-se reconhecido, ele responde com vigor. O guia que é lembrado caminha mais perto. O ancestral que é honrado permanece em vigília. O esquecimento enfraquece. O reconhecimento fortalece.

Há também a importância do silêncio. Muitos sinais não são captados porque a mente está barulhenta demais. Os guias falam em sussurros. Os ancestrais se manifestam em ecos. Só os ouve quem se retira para dentro. A meditação, a escrita intuitiva, os sonhos lúcidos, são portas que se abrem para essa comunicação. E uma vez aberta, não se fecha facilmente. O fluxo torna-se constante. O campo espiritual se ajusta. A alma se sente menos só.

Não é raro que a proteção de um guia impeça acidentes, desvie caminhos perigosos, desfaça encantamentos. Há relatos incontáveis de pessoas que, ao acender uma vela para seu protetor, sentiram uma onda de paz inexplicável. Outros, que após sonhar com um parente falecido, acordaram curados de dores emocionais antigas. Alguns que, ao seguir uma intuição vinda do nada, escaparam de tragédias. Isso não é superstição. É sintonia.

Mas é necessário lembrar que guias não são servos. Eles não agem sob demanda, nem respondem a caprichos. Eles veem mais longe. O que pedimos pode não ser o que precisamos. O que desejamos pode nos ferir. E por isso, muitas vezes, o silêncio deles é proteção. A ausência de resposta é também uma resposta. Porque a missão deles é a evolução, e não o conforto.

Por fim, o elo com ancestrais e guias é uma via de mão dupla. Assim como eles nos protegem, nós também os alimentamos com nossos gestos, nossa luz, nossas escolhas. Quando um descendente cura uma dor antiga, ele liberta um ancestral que carregava aquela culpa. Quando um filho quebra um padrão tóxico, ele honra os que vieram antes e pavimenta o caminho dos que virão. A proteção espiritual, nesse sentido, é uma corrente que liga passado, presente e futuro — e o elo mais forte é sempre o que é forjado no amor.

É nesse amor que o vínculo com os ancestrais e guias se enraíza com mais firmeza. Não se trata de uma devoção distante, mas de uma aliança viva, nutrida pela escuta, pela reverência e pelo compromisso com a própria evolução. Quando uma pessoa se reconhece como parte de uma linhagem espiritual — seja ela familiar, cultural ou universal —, ela deixa de caminhar sozinha. Há um coro de vozes atrás de cada passo, um sopro antigo que sustenta as decisões do agora. E é esse reconhecimento que fortalece o campo, que torna o ser menos vulnerável aos desvios e mais sintonizado com aquilo que realmente importa.

Com o tempo, essa presença se torna tão familiar quanto o próprio pensamento. Os guias deixam de ser figuras etéreas e passam a ser conselheiros íntimos. Os ancestrais, antes lembrados apenas em datas, passam a viver nas pequenas escolhas diárias, nos valores mantidos, nos gestos repetidos sem saber por quê. É como se, ao honrar o invisível, o visível se alinhasse. A vida se torna mais fluida, os ciclos mais compreensíveis, e os desafios menos solitários. Afinal, ninguém caminha desamparado quando tem um altar aceso por dentro. E muitas vezes, esse altar se revela na forma de intuições certeiras, encontros transformadores ou sinais que chegam como quem já sabia.

Assim, manter viva a relação com os ancestrais e guias é mais do que um ritual espiritual — é um modo de viver com raízes profundas e olhos abertos para o alto. É aceitar que estamos no meio de uma corrente sagrada, e que cada gesto, pensamento ou palavra reverbera tanto para trás quanto para adiante. E quando essa consciência se firma, a proteção não vem apenas de fora: ela nasce de dentro, sustentada por quem fomos, por quem somos e por todos os que, silenciosamente, caminham conosco entre os mundos.

Capítulo 11
Rituais Lunares

A lua, com sua presença silenciosa e inconstante, sempre exerceu um fascínio profundo sobre o espírito humano. Seu ciclo, tão sutil quanto preciso, molda as marés, os nascimentos, os ciclos femininos, os sonhos. Mas há algo além da biologia e da física. Há uma linguagem oculta em sua luz pálida, uma influência invisível que dança nas sombras e conduz o invisível com maestria. Desde os primórdios, os povos antigos perceberam que a lua não apenas ilumina a noite — ela revela portais, amplifica intenções, desmancha feitiços e convoca forças ancestrais. Os rituais lunares, portanto, são pontes entre o visível e o oculto, entre o agora e o eterno.

No coração das tradições espirituais mais antigas, a lua era tida como deusa. A Grande Mãe, a Senhora dos Mistérios, a Rainha da Noite. Em seu ciclo de nascimento, crescimento, plenitude e morte, ela refletia o ciclo da vida e do espírito. Cada fase lunar possui uma frequência distinta, um campo vibracional único que pode ser aproveitado para propósitos específicos. E entender esse ciclo é reconhecer que o tempo não é linear — ele é espiralado, simbólico, cheio de camadas sutis.

A lua nova é o ponto de germinação. É o ventre escuro do tempo, o momento onde nada se vê, mas tudo se prepara. Neste ponto do ciclo, os rituais são voltados para o silêncio, o recolhimento, a introspecção. É tempo de plantar intenções, escrever desejos, traçar metas. Não se colhe ainda — apenas se semeia. As velas usadas nesta fase costumam ser pretas, azuis-escuras ou roxas, representando o mistério, a proteção e a conexão com o invisível. O altar pode ser adornado com pedras como obsidiana, ônix ou ametista. As orações são voltadas para os aspectos ocultos do ser, para pedir clareza de visão espiritual e proteção nos caminhos que ainda serão trilhados.

Na fase crescente, a energia se eleva. A lua se mostra em forma de foice, apontando para cima, como um sorriso ascendente no céu. É o tempo de movimentação, de colocar em prática aquilo que foi desejado. Rituais de atração, fortalecimento, crescimento e abertura de caminhos são especialmente potentes nesse período. Acendem-se velas verdes ou douradas. Usa-se óleo de alecrim, folhas de louro, sementes de girassol. É comum fazer banhos de prosperidade, defumações para acelerar projetos e orações direcionadas ao fortalecimento da vontade. A energia da lua crescente é elétrica, expansiva, propícia para pactos com o futuro.

A lua cheia é a rainha no seu trono. Sua luz totaliza a noite, e seu campo vibracional atinge o ápice. É nesta fase que os portais se abrem mais facilmente. O véu entre os mundos se torna mais tênue, e as entidades — tanto benéficas quanto hostis — circulam com mais intensidade. Os rituais de lua cheia são os mais poderosos. Qualquer intenção colocada nesta fase será amplificada. É o momento de consagrações, de celebrações com a natureza, de invocações a deidades lunares como Hécate, Ísis, Diana ou Iemanjá. Velas brancas, incenso de mirra, flores brancas e taças de água são oferecidas como símbolos de pureza e plenitude.

Durante a lua cheia, muitas tradições realizam a prática de "carregar" cristais, amuletos, instrumentos mágicos e até água. Deixar esses objetos sob a luz da lua é uma forma de banhá-los com energia pura e vibrante. A água lunar, por exemplo, é preparada colocando-se uma jarra ou tigela de água sob a luz da lua cheia durante toda a noite. Pela manhã, essa água pode ser usada em banhos, borrifada em ambientes ou adicionada a outros rituais. Carrega a energia do ápice, da revelação, da clareza e do poder.

Mas nem toda luz é benigna. A plenitude da lua também revela o que está escondido. Muitos ataques espirituais ocorrem sob a lua cheia, pois ela potencializa não apenas o bem, mas tudo o que estiver latente. Por isso, os rituais de proteção são essenciais nesta fase. Traçar círculos mágicos, utilizar cristais de selamento como a turmalina negra ou a hematita, e manter orações constantes são práticas recomendadas para evitar invasões durante esse período.

A lua minguante traz o tempo da liberação. A luz começa a recuar, e com ela se vão as máscaras, os excessos, as ilusões. É tempo de banimento, de cura profunda, de encerramento. Os rituais desta fase são voltados para cortar o que adoece: relações tóxicas, hábitos destrutivos, laços espirituais negativos. Usa-se sal grosso, carvão ativado, folhas de arruda, vinagre e pimenta. Acendem-se velas pretas ou marrons. As palavras ganham força de corte. As orações, quando feitas com verdade, dissolvem laços antigos e liberam a alma para recomeçar.

É comum, em rituais de lua minguante, escrever em pedaços de papel tudo aquilo que se deseja remover: medos, mágoas, doenças, vícios. Esses papéis são então queimados num pequeno caldeirão ou enterrados longe de casa, simbolizando a entrega à terra do que não serve mais. A fumaça leva ao alto. A cinza devolve ao ventre da Terra. E o espírito respira mais leve.

A astrologia cabalística oferece uma camada ainda mais profunda de entendimento sobre os rituais lunares. Cada mês lunar tem uma regência específica, associada a uma das doze tribos de Israel, um signo zodiacal e um desafio espiritual. Celebrar a lua nova (Rosh Chodesh) segundo esse sistema é alinhar-se com o propósito daquele ciclo, abrir-se para a cura cármica e sintonizar-se com os códigos celestiais que regem a criação. As orações são feitas com base nos salmos, nos nomes divinos da Cabala e nos símbolos da Árvore da Vida. A cada lua, uma chance de reprogramar a alma.

Na bruxaria moderna, sobretudo na wicca, o Esbat — celebração da lua cheia — é considerado um dos ritos mais importantes. Feito ao ar livre sempre que possível, reúne praticantes em círculos mágicos, com cânticos, danças, feitiços e oferendas. A deusa é invocada sob diferentes nomes, e os elementos são chamados para formar um campo de poder sagrado. A energia gerada nesses encontros não apenas protege os participantes, mas expande sua influência para toda a comunidade. São momentos de grande elevação e fortalecimento espiritual.

No entanto, é fundamental que o praticante compreenda que o ritual lunar não é apenas uma performance. Ele é um espelho. A lua reflete o estado interno de quem a invoca. Se há confusão, o ritual trará revelações difíceis. Se há pureza, ele amplificará a luz. A lua não engana — ela apenas expõe. Por isso, antes de realizar qualquer prática sob sua regência, é necessário um breve exame de consciência. Saber o que se busca, reconhecer o que se carrega, aceitar o que precisa ser transmutado.

Muitos praticantes mantêm um diário lunar. Nele, anotam suas experiências durante cada fase, os sonhos recorrentes, as mudanças emocionais, as práticas realizadas e os resultados percebidos. Esse registro cria um vínculo mais profundo com a lua e permite que o praticante perceba padrões, compreenda seus próprios ciclos e aprimore sua sintonia com o tempo espiritual. A lua passa, mas deixa sinais. E quem anota, aprende a ler esses sinais com mais clareza.

A lua ensina que nada é estático. Tudo cresce, transborda, recua e morre — para então renascer. Os rituais lunares, quando praticados com consciência, alinham o ser a essa dança cósmica. Eles não servem para forçar o destino, mas para ensinar o tempo certo de agir, de esperar, de soltar. E nisso reside seu maior poder: tornar o praticante não um manipulador de forças, mas um aliado da ordem universal.

A conexão com a lua é, portanto, uma via de mão dupla — um chamado e uma resposta entre o visível e o invisível. Ao seguir seus ritmos, o praticante não apenas harmoniza suas intenções com os ciclos naturais, mas também aprende a se escutar com mais profundidade. Cada ritual não é um fim em si, mas uma conversa íntima com a existência, onde a natureza responde às perguntas que o intelecto não sabe formular. A disciplina de acompanhar as fases lunares torna-se, com o tempo, uma forma refinada de autoconhecimento, em que cada oferenda, cada oração, cada silêncio tem um peso simbólico que ultrapassa a matéria.

Além disso, a prática regular desses rituais cria uma espécie de campo energético que se estende para além do indivíduo. Lares se tornam mais limpos espiritualmente, relações se reequilibram, caminhos antes nebulosos começam a clarear. A lua, com sua luz refletida, mostra que não é preciso brilhar por si para influenciar profundamente. Assim também é o trabalho interior: silencioso, constante, mas capaz de gerar transformações imensas. Ao integrar os rituais lunares à vida cotidiana, o praticante desenvolve uma sensibilidade aguçada, percebendo que cada detalhe do universo é uma instrução, um símbolo, uma revelação à espera de atenção.

No fim, a verdadeira alquimia lunar não acontece nos altares ou nas cerimônias, mas no interior de quem observa. É ali que a semente lançada na lua nova germina, cresce, floresce e se desfaz. O ciclo não exige controle, mas entrega. E aquele que aceita dançar ao ritmo da lua acaba descobrindo que o verdadeiro poder está em permitir que a alma se mova com o cosmos, sem resistência — apenas presença.

Capítulo 12
Exu e Guardiões

Onde termina o medo e começa o respeito? Onde se desfaz o preconceito e se revela o mistério? Em muitas veredas da espiritualidade brasileira, esse ponto limítrofe se manifesta no nome de Exu — entidade guardiã, mensageira, senhor dos caminhos, portador de segredos e de chaves. Mal compreendido por séculos, difamado por ignorância e distorcido por dogmas, Exu não se curvou. Ele permaneceu, firme nas encruzilhadas, nos portais entre mundos, nas pontas dos rituais, nos pés dos médiuns e no sopro de quem carrega consciência. Porque Exu é guardião. E guardião não pede licença: ele protege.

Exu não é diabo. Exu não é demônio. Essas ideias, plantadas com má-fé por estruturas religiosas colonizadoras, tentaram apagar uma sabedoria ancestral que resistiu à dor, à escravidão e à marginalização. Exu é força cósmica que atua como interface entre os planos. Na umbanda, ele é espírito que já viveu, que conhece o humano em sua profundidade e que optou por trabalhar na linha da esquerda — não por ser maligno, mas por lidar com as zonas liminares, com os limites, com o que é limpo e também com o que precisa ser limpo.

Na quimbanda, Exu assume posição ainda mais complexa e poderosa. Ali, ele é tratado com firmeza, respeito e exatidão. Os exus de quimbanda não são espíritos vagos: são entidades com nomes, características, histórias, pontos cantados e rituais específicos. Exu Tranca-Ruas, Exu Caveira, Exu Marabô, Exu Veludo, Exu Sete Encruzilhadas — cada um atua numa faixa vibratória distinta, oferecendo proteção, corte de demandas, abertura de caminhos, julgamento e justiça espiritual. São soldados do astral, que caminham entre mundos, enfrentando o que muitos não ousam olhar.

Pomba Gira, por sua vez, é a senhora da força feminina na linha de Exu. Não é prostituta, como a deturpação popular tenta sugerir. É senhora da sensualidade sagrada, do magnetismo, da força de criação e destruição. Ela lida com o desejo, com os laços emocionais, com os pactos do coração. Atua também como guardiã, rompendo vínculos destrutivos, devolvendo ao corpo sua autonomia, à alma sua soberania. Pomba Gira Rainha, Cigana das Almas, Maria Padilha, Rosa Caveira — todas são manifestações desse arquétipo de poder espiritual que protege com olhos que veem o que o amor esconde.

A atuação de Exu como guardião espiritual vai além do indivíduo. Ele é o guardião da casa, do terreiro, dos portais entre planos. Nenhum trabalho espiritual começa sem saudar Exu. Ele é o dono do portal. É quem autoriza ou não a passagem de entidades. É quem mantém o equilíbrio entre o visível e o invisível. Quando respeitado, protege com fidelidade inabalável.

Quando invocado sem entendimento, pode responder com dureza — não por maldade, mas por justiça. Ele exige verdade. E não tolera hipocrisia.

Um dos pilares do relacionamento com Exu é o oferecimento. Oferendas, para Exu, não são pagamento — são reconhecimento. Um copo de cachaça, um charuto, um pedaço de carne, um padê de dendê, um licor vermelho, sete moedas, um ponto-riscado no chão: esses são sinais materiais que ancoram a energia dele no plano físico. Cada Exu possui preferências específicas, que devem ser conhecidas e respeitadas. As oferendas são feitas em locais de poder — encruzilhadas, cemitérios, estradas de ferro, entradas de mata — sempre com a devida permissão e sob orientação adequada. Não se oferece por curiosidade. Oferece-se por aliança.

A ética do pacto com Exu é clara. Ele não é servo, não é objeto mágico, não é garantia de resultados. Ele é aliado. E como todo aliado, deve ser tratado com honestidade. Pactos com Exu são selos vibracionais: uma vez feitos, devem ser cumpridos. Pedir proteção a Exu exige reciprocidade. Ele ajuda, mas também ensina. Ele corta demandas, mas também mostra a origem dos erros. É comum que, após um trabalho com Exu, a pessoa passe por eventos que parecem caóticos — mas na verdade são limpezas. Exu retira o que está podre, mesmo que esteja disfarçado de conforto.

A proteção oferecida por Exu é ativa. Ele não espera o ataque: ele vigia, ronda, antecipa. Muitos relatam sonhos com Exu, avisos sutis, pressentimentos, intuições aguçadas. Ele se manifesta por sinais: um animal que cruza o caminho, um cheiro forte do nada, um som metálico, uma mudança repentina de humor. Exu não se esconde. Ele marca presença. E sua presença, quando acolhida com respeito, transforma a vida do protegido. Nada passa despercebido. Nenhuma flecha espiritual atinge um corpo que caminha com Exu à frente.

Mas o culto a Exu exige coragem. Coragem para abandonar paradigmas herdados, medos aprendidos, preconceitos enraizados. Exu não atua onde há falsidade. Ele desmascara. E isso, para muitos, é doloroso. Por isso, só permanece ao lado dele quem aceita a verdade como caminho. Ele não exige perfeição — exige autenticidade. E na autenticidade se encontra o escudo mais poderoso: o ser inteiro, sem máscaras, sem disfarces, sem culpa.

No aspecto simbólico, Exu representa o próprio eixo do ser. O ponto de encontro entre os desejos e os limites, entre o sagrado e o profano, entre o céu e a terra. Seu tridente não é arma de guerra — é ferramenta de equilíbrio. Uma ponta aponta para cima, uma para baixo e uma para frente. É a integração dos mundos. Exu ensina que não se combate o mal com negação, mas com consciência. Que não se foge da sombra — se ilumina. E que proteção espiritual real só existe quando se enfrenta aquilo que está escondido.

É importante lembrar que Exu não caminha só. Ele atua com falanges, com linhas de trabalho, com outros guardiões espirituais. Muitos trabalhadores da espiritualidade são acompanhados por exus e pombas giras que não se manifestam publicamente, mas estão sempre presentes nas sessões, nos bastidores, nas madrugadas silenciosas em que o médium sente o peso do mundo. São esses guardiões que seguram a retaguarda, que selam os rituais, que afastam entidades hostis, que protegem os filhos da casa mesmo quando estes se esquecem de pedir.

Não raro, pessoas que sofrem ataques espirituais graves só encontram alívio após um trabalho direto com Exu. Quando a obsessão não cede, quando a magia negativa resiste, quando a perturbação mental não tem explicação clínica, é Exu quem entra com força. Ele rompe vínculos, recolhe espíritos, desmancha feitiços, fecha portais abertos por ignorância. Mas ele cobra postura. Cobra retidão. Cobra decisão. Exu não protege quem hesita. Ele protege quem escolhe.

No final, caminhar com Exu é assumir o próprio destino. É parar de terceirizar a culpa. É olhar para os próprios desejos e reconhecer que neles também há poder. É construir proteção não apenas com velas e oferendas, mas com atitudes, escolhas, palavras e silêncios. Exu não quer seguidores — quer conscientes. E ao lado dos conscientes, ele constrói fortalezas que nenhuma sombra atravessa.

Exu é também mestre das transições. Não apenas das encruzilhadas físicas ou espirituais, mas dos momentos em que a alma vacila entre o medo e a coragem, entre a dúvida e a ação. Sua força se manifesta no instante em que o praticante escolhe firmar o pé diante do desconhecido e proclamar: "Eu estou aqui." Nesse simples ato de presença, Exu se revela com intensidade. Ele não exige fé cega — exige vivência. E é nessa vivência que ele ensina que espiritualidade não é fuga da realidade, mas mergulho nela com os olhos abertos e o peito firme. Ele não separa o mundo profano do sagrado: ele os costura, linha por linha, até que a vida se torne inteira.

Ao lado de Exu, compreendemos que proteção espiritual não é ausência de conflitos, mas a capacidade de atravessá-los com lucidez. Que limpeza não é apagar o passado, mas ressignificá-lo. Que força não é imposição, mas presença verdadeira. Quando um guardião espiritual se manifesta, ele o faz com o peso de sua história, com a responsabilidade de sua função e com a liberdade de seu espírito. Exu não julga pelas aparências — ele lê intenções. Não responde a máscaras — responde a verdades. Por isso, seus protegidos aprendem, cedo ou tarde, a cultivar a clareza como arma e a humildade como escudo.

Caminhar com Exu é um pacto com a vida tal como ela é: contraditória, rica, imprevisível, sagrada. É aceitar que não há luz sem sombra, nem cura sem confronto. Mas é também saber que, com Exu à frente, nenhum abismo é fim — é passagem. Nenhuma porta trancada é sentença — é pausa. E nenhuma dor é castigo — é ensinamento. O guardião dos caminhos não fecha trilhas: ele ensina a abrir os próprios. E ao ensinar, transforma cada ser humano que se permite caminhar com ele não em crente, não em servo — mas em guerreiro da própria verdade.

Capítulo 13
Cabala e Árvore da Vida

Existe uma estrutura oculta que sustenta toda a criação. Uma arquitetura invisível, composta por caminhos, forças, nomes e energias, que interliga os mundos superiores aos mundos inferiores, e que oferece ao espírito humano uma rota de ascensão e proteção. Essa estrutura é chamada de Árvore da Vida, e pertence à tradição da Cabala — o corpo místico do judaísmo, que durante séculos permaneceu oculto, reservado apenas aos iniciados capazes de compreender seus segredos. Mas quando a alma clama por proteção profunda, e os meios comuns não bastam, é por entre os galhos dessa árvore sagrada que se encontram os selos mais antigos da defesa espiritual.

A Cabala não é um sistema de crenças. Ela é um mapa. Um espelho do universo interno e externo. Cada uma das dez sefirot — as esferas da Árvore da Vida — representa não apenas um aspecto divino, mas também um estágio do ser humano. E proteger-se, à luz da Cabala, é harmonizar essas esferas dentro de si, para que nenhuma força mal dirigida possa penetrar nos desequilíbrios da alma. Pois toda brecha espiritual é, antes de tudo, um descompasso entre essas forças internas.

No topo da Árvore está Keter, a Coroa, a emanação mais próxima do Ein Sof — o Infinito —, que representa a vontade pura, a conexão com a fonte absoluta. Descer pela Árvore é como descer da luz para a forma, do espírito para a matéria, passando por esferas como Chokmah (sabedoria), Binah (entendimento), Chesed (misericórdia), até Malkuth, o Reino, onde a criação se manifesta na totalidade física. Mas a Árvore também pode ser subida — e essa ascensão, quando guiada por rituais e nomes sagrados, é uma das formas mais poderosas de selar o espírito contra as forças contrárias.

A proteção na Cabala começa pelo nome. Os 72 Nomes de Deus, codificados a partir de três versículos do Êxodo (14:19-21), são combinações de três letras hebraicas que agem como chaves vibracionais. Cada uma dessas tríades representa uma frequência divina específica, capaz de iluminar, purificar, proteger, curar e transformar. Não são palavras mágicas comuns — são fórmulas sagradas que, quando entoadas ou visualizadas corretamente, vibram nos planos invisíveis e realinham a alma com a ordem do cosmos.

Entre os Nomes mais utilizados para proteção espiritual está o nome Mem-He-Shin, que corresponde à energia de neutralização de negatividade. Outro, Lamed-Aleph-Vav, atua como escudo contra forças externas. Yud-Lamed-Yud é usado para blindar a mente contra pensamentos obsessivos e influências densas. Esses nomes não são pronunciados como se lêem, pois não têm vogais — são entoados com respiração, com foco, com visualização. E é nesse estado de presença total que o Nome ativa seu campo.

O uso dos Nomes de Deus exige reverência. Eles podem ser inscritos em pergaminhos, selos de papel, usados em amuletos consagrados ou visualizados em meditações guiadas. Muitos cabalistas os escrevem sobre a pele com tinta que desaparece, como um selo temporário de luz. Outros os desenham sob almofadas ou nos batentes das portas. O importante é que sua presença não seja banalizada. Cada Nome é uma porta. E abrir portas sem preparo pode expor ao que não se deseja ver.

A Árvore da Vida, por sua vez, pode ser usada como campo de proteção quando visualizada de forma ritualística. O praticante inicia visualizando Malkuth, na base do corpo — geralmente nos pés —, como um campo dourado que representa o enraizamento, a estabilidade, a proteção do plano físico. Depois sobe para Yesod, o centro da base da coluna, simbolizando o inconsciente, os instintos e a sexualidade — protegendo-se contra vampirismos e manipulações sutis. Prossegue para Hod e Netzach, os quadris, que lidam com intelecto e emoção. Tiferet, no centro do peito, é o coração — ponto de equilíbrio e vulnerabilidade espiritual. Geburah e Chesed, nos ombros, representam força e misericórdia. Binah e Chokmah, as têmporas — entendimento e sabedoria. Por fim, Keter, no topo da cabeça, sela o campo com luz branca. Quando essa visualização é feita diariamente, com os Nomes apropriados ativados em cada esfera, cria-se um campo de proteção complexo e refinado, quase impenetrável.

A Cabala também ensina que existem quatro mundos: Atziluth (o mundo da emanação), Beriah (criação), Yetzirah (formação) e Assiah (ação). Esses mundos coexistem, e o praticante consciente pode alinhar sua proteção em todos eles. Por exemplo: uma obsessão espiritual pode estar agindo em Yetzirah, o mundo das emoções. Um selo cabalístico ativado nesse mundo específico desmancha o nó. Já uma maldição lançada em Assiah, o mundo físico, pode ser revertida com ações materiais orientadas espiritualmente — como caridade, jejum ou meditação com salmos.

Os salmos, inclusive, são utilizados dentro da Cabala como fórmulas vibracionais de imenso poder. Cada salmo possui um número, um código de ativação, uma frequência específica. O Salmo 91, já reverenciado por diversas tradições, é especialmente potente quando entoado com a entonação hebraica original. O Salmo 23, o 121 e o 27 são outros exemplos de escudos vibracionais contra forças negativas. Mas não basta ler mecanicamente. É preciso viver o salmo. Sentir cada verso como decreto. Como espada. Como pacto.

Dentro da Árvore da Vida, existe também o chamado "Caminho do Relâmpago" — uma rota em zigue-zague que conecta as sefirot de forma descendente, reproduzindo o caminho da criação. Reverter esse caminho em meditação é uma forma de ascender espiritualmente, purificando as camadas da alma e fechando as brechas abertas. É uma técnica de proteção avançada, utilizada por cabalistas experientes para restaurar o campo energético após ataques ou desgaste espiritual prolongado.

Os sigilos cabalísticos, por sua vez, são representações gráficas dos Nomes de Deus, dos Anjos e das sefirot. Eles podem ser gravados em metais, desenhados em pergaminhos, esculpidos em madeira. Quando consagrados por oração, jejum e intenção, tornam-se selos protetores que acompanham o praticante. Muitos cabalistas carregam esses selos ocultos em suas roupas, costurados por dentro, ou escondidos sob o travesseiro. Não como talismãs mágicos, mas como lembretes vibracionais da aliança com o sagrado.

Importante lembrar: a Cabala não tolera o ego. O uso de seus segredos para fins egoístas, vingança ou manipulação resulta em colapso vibracional. O praticante que tenta utilizar a Árvore da Vida para dominação ou prestígio se perde em labirintos psíquicos. A proteção, na Cabala, é consequência da retidão. Os Nomes só respondem à alma sincera. A Árvore só se manifesta ao buscador humilde. Quem caminha com arrogância encontra espelhos distorcidos. Quem caminha com reverência encontra portais.

Por isso, a prática cabalística de proteção exige também pureza emocional. O ódio, o medo, a inveja, o orgulho — todos esses sentimentos criam rachaduras no campo vibracional, por onde qualquer influência pode infiltrar-se. Antes de selar o corpo com Nomes ou meditações, é necessário selar o coração com verdade. A limpeza interna é o primeiro escudo. A oração, o segundo. A disciplina, o terceiro. E os Nomes, por fim, apenas manifestam o que já existe dentro.

A jornada cabalística é, antes de tudo, uma jornada de integridade. Não basta conhecer os Nomes, traçar os selos ou memorizar os caminhos da Árvore — é preciso tornar-se espelho dessas forças. A verdadeira proteção acontece quando o corpo se torna templo, a mente se alinha ao propósito e o coração vibra em retidão. Nesse estado, cada sefirá acende como uma lâmpada interna, iluminando os espaços antes ocupados por medos ou incertezas. É nesse brilho que o praticante começa a compreender o real sentido da luz: não como fuga da sombra, mas como sua transcendência.

Ao trabalhar com a Cabala, o buscador mergulha em uma dimensão onde linguagem, gesto, intenção e silêncio se entrelaçam. Nada é feito por acaso. Um salmo recitado com pureza tem mais força que um selo gravado com vaidade. Uma visualização humilde pode selar mais que cem nomes repetidos mecanicamente. A Cabala ensina que tudo está vivo: a letra, o som, o silêncio entre as palavras. E quando se caminha com esse respeito, a Árvore da Vida deixa de ser símbolo externo e passa a florescer dentro, conectando céu e terra através da própria existência.

Compreender isso é o verdadeiro ato de proteção. Porque quem anda em verdade não precisa se esconder. Quem se alinha ao fluxo não precisa lutar contra a corrente. A Cabala não é apenas um escudo — é um chamado. Um convite ao refinamento da alma, à reconciliação com o divino que habita em cada célula, em cada pensamento, em cada escolha. E aquele que aceita esse chamado encontra não apenas segurança espiritual, mas uma morada de paz silenciosa que nenhum mal consegue atravessar.

Capítulo 14
Runesas Nórdicas

Entre as florestas de pinheiros eternos, os fiordes que cortam a terra com água gelada e os ventos cortantes do norte, uma sabedoria antiga repousa nas pedras. Os antigos povos nórdicos não precisavam de templos luxuosos ou livros sagrados para acessar o divino. Eles tinham as runas. E nelas está contido não apenas um alfabeto, mas um sistema completo de poder, proteção, presságio e conexão espiritual. As runas não foram criadas — foram reveladas. E quem as carrega com reverência, carrega escudos invisíveis mais antigos que as guerras dos homens.

Na tradição nórdica, as runas são mais do que letras. Cada uma é um símbolo vivo, uma chave vibracional, uma entidade que atua nos planos invisíveis. O mito central conta que o deus Odin, em busca de sabedoria, pendurou-se na Árvore do Mundo — Yggdrasil — por nove dias e nove noites, ferido, sem comer nem beber, até que as runas lhe foram reveladas no limiar entre a vida e a morte. Ele não aprendeu as runas — ele as conquistou com sacrifício. Desde então, cada símbolo rúnico carrega consigo esse selo de iniciação, dor e verdade.

A palavra "runa" vem do termo antigo que significa "sussurro" ou "segredo". E é exatamente isso que elas são: sussurros do invisível, segredos que se revelam a quem está pronto para escutar. Cada runa traz uma vibração própria, um arquétipo e uma energia ativa. São 24 símbolos no conjunto tradicional conhecido como Futhark Antigo, e cada um deles pode ser utilizado como instrumento de proteção, quando compreendido, ativado e respeitado.

Entre as runas de maior poder protetivo está Algiz. Seu formato lembra uma figura com os braços erguidos, como quem invoca os céus ou sinaliza "pare". É a runa da defesa, do escudo sutil, da conexão com as forças superiores. Quando desenhada, entoada ou mentalizada, Algiz cria um campo ao redor do praticante que repele energias invasoras, ataques espirituais e vibrações hostis. Muitos guerreiros vikings desenhavam Algiz em seus escudos físicos — mas o verdadeiro escudo era espiritual.

Outra runa de grande força é Thurisaz, ligada ao martelo de Thor e à força bruta dos gigantes. É uma runa de confronto, de proteção agressiva. Seu uso não é passivo — ela ataca o que ameaça. Em práticas rituais, Thurisaz pode ser utilizada para cortar laços obsessivos, desfazer encantamentos negativos e selar portais espirituais abertos. No entanto, é uma runa perigosa para quem não domina suas emoções, pois pode refletir raiva e impaciência se mal direcionada. Usada com sabedoria, é espada afiada. Usada sem controle, pode ferir o próprio portador.

Eihwaz, por sua vez, representa o teixo — árvore sagrada do norte — e é símbolo de resistência, morte iniciática e proteção psíquica. É uma runa silenciosa, mas profunda. Atua nos campos mais sutis da mente, fortalecendo o campo espiritual contra ataques mentais, influências emocionais e vampirismos energéticos. Em meditações, visualizá-la no centro da testa ou na base da coluna ativa o eixo interno, o canal que conecta os mundos, e sela o corpo contra invasões astrais.

Além do uso individual, as runas podem ser combinadas em bindrunes — junções de dois ou mais símbolos para criar um selo de poder específico. Por exemplo, a união de Algiz, Eihwaz e Sowilo (runa da luz solar e da vitória) forma um selo de proteção que ilumina e repele simultaneamente. Esses símbolos podem ser desenhados em papel, madeira, pedra ou mesmo mentalizados ao redor do corpo. Quando consagrados com fogo, saliva ou sangue (dependendo da tradição), tornam-se instrumentos vivos de defesa.

O uso das runas requer preparo. Não se trata apenas de traçar um desenho e esperar resultado. As runas são entidades. Elas devem ser acordadas com respeito. O estudante sério aprende o som de cada runa — pois cada uma possui um fonema sagrado — e entoa esse som como se fosse um mantra. Essa vocalização, conhecida como galdr, ativa a vibração da runa no plano invisível. É comum que, ao entoar uma runa com concentração e intenção, o praticante sinta mudanças imediatas no ambiente: o ar se adensa, o corpo arrepia, a visão interna se intensifica.

As runas também podem ser usadas em talismãs físicos. Um colar com Algiz entalhado em madeira de freixo. Um anel com Sowilo gravado em prata. Uma pulseira com Uruz — a runa da força vital — desenhada com tinta permanente. O material deve estar em sintonia com o propósito: madeira para conexão com a terra, metal para selamento, pedra para durabilidade. Esses objetos devem ser consagrados com sopro, saliva ou fogo e mantidos limpos energeticamente. Ao sentir que um talismã está "pesado" ou "apagado", deve-se enterrá-lo por uma noite ou passá-lo por fumaça de ervas para que se reequilibre.

Em muitos rituais modernos inspirados nas tradições nórdicas, o círculo mágico é traçado com runas. Cada ponto cardinal recebe uma runa específica: ao norte, Eihwaz; ao sul, Sowilo; a leste, Ansuz (comunicação divina); a oeste, Laguz (fluxo intuitivo). No centro, coloca-se Mannaz — a runa do ser humano, o elo entre os mundos. Esse círculo não é simbólico. Ele cria uma estrutura energética que organiza o espaço, repele interferências e ancora a presença do sagrado.

O uso das runas para proteção não se limita ao indivíduo. Elas podem ser traçadas em portas, paredes, janelas, documentos importantes, até em dispositivos eletrônicos. Em tempos modernos, muitos magistas digitais aplicam runas em imagens, senhas, códigos visuais. Mas é essencial que o uso seja consciente. Runa não é enfeite. É contrato. E quem traça um contrato com o invisível deve honrá-lo com ética.

É importante destacar que as runas respondem ao sangue. Isso significa que sua atuação se intensifica quanto mais o praticante se compromete com a verdade, a integridade e a coragem — virtudes essenciais da espiritualidade nórdica. Um coração covarde não segura uma runa viva. Um desejo egoísta quebra o selo. Por isso, antes de usar uma runa de proteção, é necessário perguntar a si mesmo: "Estou preparado para carregar essa energia? Estou disposto a honrar o que ela exige?"

A tradição nórdica ensina que o guerreiro espiritual não vence pelo ataque, mas pela clareza. A proteção, nesse caminho, não é muro — é postura. E as runas são ferramentas para despertar essa postura. Quando o praticante se alinha à verdade de uma runa, ele se torna ela. Algiz não é apenas um símbolo desenhado — é um estado de consciência. Thurisaz não é só combate — é justiça afiada. Sowilo não é apenas luz — é clareza que queima o engano.

As runas também têm vida nos sonhos. Muitos aprendizes relatam encontros com símbolos rúnicos em visões noturnas, mensagens deixadas em paredes, luzes que se formam no ar, sons que reverberam antes do despertar. Esses sonhos não são meros devaneios — são ativações. Quando uma runa aparece no sonho, ela está se apresentando, oferecendo aliança. Cabe ao sonhador aceitá-la ou não. Mas uma vez aceita, ela passa a caminhar junto.

Esse caminhar conjunto com as runas transforma o praticante. Ele passa a perceber o mundo não apenas com os olhos, mas com um campo mais sutil de percepção, onde cada situação carrega um símbolo, cada encontro revela um espelho, e cada desafio é um convite à ação consciente. A proteção, nesse contexto, não é mais um recurso de emergência, mas um estado contínuo de presença. A runa deixa de ser ferramenta para se tornar linguagem — um idioma silencioso entre o visível e o invisível, entre o que se manifesta e o que se prepara. É por isso que, para os antigos nórdicos, proteger-se era também honrar o próprio destino.

Com o tempo, o estudioso dedicado percebe que não é ele quem escolhe as runas — são elas que o escolhem. Alguma runa se repete nos jogos divinatórios. Outra aparece frequentemente nos sonhos. Uma terceira se revela nos momentos de silêncio, quando a mente cessa e o espírito escuta. Essa aproximação íntima cria vínculos espirituais profundos, que atravessam encarnações. O vínculo com uma runa não termina quando termina um ritual — ele se renova a cada gesto ético, a cada verdade pronunciada, a cada passo dado com firmeza. E assim, o praticante se transforma em guardião de um saber que exige, acima de tudo, responsabilidade.

A tradição das runas não sobreviveu por milênios apenas por sua beleza simbólica — mas porque oferece, até hoje, uma proteção real, viva, ativa. É um legado que não pode ser reduzido à estética ou à superstição. Requer coragem, silêncio, respeito. Requer vontade de escutar o sussurro ancestral nas pedras, no vento, nos ossos. E aquele que escuta e honra esse chamado passa a trilhar um caminho onde o escudo é interno, onde o combate é lúcido, e onde o verdadeiro poder nasce não da força, mas da aliança profunda entre espírito e verdade.

Capítulo 15
Feng Shui Protetor

Há forças invisíveis que atravessam nossas casas como ventos silenciosos. Elas carregam intenções, memórias, fragmentos de emoções antigas, resquícios de experiências que não nos pertencem. Um ambiente pode ser belo aos olhos, mas espiritualmente nocivo. Pode parecer tranquilo na superfície, mas conter fendas vibracionais por onde a negatividade escorre como fumaça. É nesse ponto que o Feng Shui, a arte ancestral chinesa de harmonização dos espaços, se revela não como mera estética, mas como uma poderosa ferramenta de proteção espiritual.

O Feng Shui, que literalmente significa "vento e água", nasceu da observação dos ciclos da natureza e da relação entre os elementos e a vida humana. Não é uma superstição, mas uma ciência espiritual que compreende que o ambiente influencia diretamente o fluxo do Qi — a energia vital. Quando o Qi flui em equilíbrio, a vida floresce. Quando se estagna, adoece. O Feng Shui, nesse sentido, é medicina para o espaço. E proteger-se, sob sua ótica, é transformar a casa em um campo de força sutil, onde as influências externas não encontram abrigo.

A base do Feng Shui protetor é o baguá — um mapa energético octogonal que divide o espaço em nove áreas correspondentes a aspectos da vida: carreira, sabedoria, família, prosperidade, fama, relacionamentos, criatividade, amigos e o centro (saúde e equilíbrio). Posicionar esse mapa sobre a planta da casa permite identificar onde as energias precisam ser ativadas, purificadas ou seladas. Cada área do baguá está associada a elementos, cores, formas e símbolos. E cada uma dessas associações pode ser usada como ferramenta para fortalecer o campo vibracional do ambiente.

O posicionamento da porta de entrada é crucial. É por ela que a energia entra. Uma porta desalinhada, obstruída ou mal iluminada atua como gargalo espiritual. A tradição ensina que a entrada principal deve ser limpa, bem cuidada, sem acúmulo de objetos. Plantas saudáveis, tapetes limpos, sinos de vento, espelhos bem posicionados e iluminação adequada são formas de atrair Qi benéfico e impedir que influências negativas se instalem.

Um dos símbolos mais usados no Feng Shui protetor é o espelho Ba-Gua. Ele é octogonal, com o símbolo do yin-yang no centro e os oito trigramas ao redor. Quando posicionado acima da porta de entrada — do lado de fora — ele reflete e dispersa energias invasoras, atuando como escudo vibracional. Não se deve usá-lo dentro de casa, pois sua força de dispersão pode causar desequilíbrio interno. Ele é ferramenta de guerra sutil, usado apenas quando há certeza de que energias pesadas estão tentando penetrar o lar.

Outro elemento essencial na proteção do espaço é a disposição dos móveis. O Feng Shui ensina que a posição da cama, da mesa e do fogão determinam a segurança energética dos habitantes. A cama deve estar em posição de comando: de frente para a porta, mas sem estar diretamente alinhada a ela. Essa posição permite ver quem entra, mantendo o subconsciente em estado de vigília segura. Dormir com os pés voltados diretamente para a porta é considerado altamente desfavorável, pois simboliza exposição espiritual.

O fogão, símbolo de prosperidade, deve estar limpo, com todas as bocas funcionando, e nunca posicionado diretamente em frente à pia ou à geladeira, pois isso gera conflito entre os elementos fogo e água. Quando esses princípios são ignorados, o ambiente vibra em desarmonia, abrindo portas para intrigas, perdas financeiras e instabilidade emocional.

O uso de cristais também é uma prática poderosa dentro do Feng Shui. A pirita, colocada na área da prosperidade, atua como escudo contra escassez e inveja. O cristal multifacetado, pendurado em janelas ou corredores escuros, refrata a luz e movimenta o Qi estagnado. A obsidiana negra, posicionada perto da entrada ou em locais onde se sente energia pesada, funciona como absorvedor e transmutador de influências densas. É importante limpar esses cristais regularmente com água e sal grosso ou expô-los à luz solar e lunar, para que mantenham sua eficácia.

As plantas, especialmente as de folhas arredondadas e crescimento vertical, são aliadas no fortalecimento do campo energético da casa. O bambu da sorte, a espada-de-são-jorge e a zamioculca são frequentemente usados para selar ambientes, impedir invasões sutis e renovar o ar espiritual. Plantas mortas ou doentes, por outro lado, indicam que há algo errado no campo energético. Elas não apenas decoram — sentem, filtram, protegem.

A água em movimento, como fontes e aquários, quando bem posicionada, atrai prosperidade e fluxo vital. Mas se mal cuidada — com água suja, estagnada ou com peixes doentes — torna-se foco de energias nocivas. A água é um elemento que guarda memórias. E no Feng Shui, deve ser honrada. Uma fonte próxima à entrada, voltada para dentro da casa, é sinal de que a energia entra com fluidez. Voltada para fora, pode significar fuga de oportunidades.

O som também é ferramenta de proteção. Sinos de vento, feitos com bambu, metal ou cristal, são colocados em pontos estratégicos para movimentar o Qi e espantar energias densas. Eles emitem frequências que ressoam no campo sutil, criando um ambiente de vigilância espiritual. Cada toque do sino é como um chamado de atenção para o invisível, um lembrete de que ali, naquele espaço, a consciência está desperta.

Em situações onde se percebe ataque espiritual direto — brigas constantes, doenças recorrentes, sensação de opressão —, o Feng Shui recomenda rituais de purificação que incluem o uso de sal marinho nas esquinas da casa, defumações com ervas como sálvia e alecrim, e a aplicação de símbolos protetores nas janelas, como o ideograma da palavra "paz" em chinês, escrito em vermelho, ou o próprio trigrama do céu sobre a entrada.

A cor vermelha, aliás, é uma das mais poderosas na simbologia do Feng Shui. Representa proteção, vitalidade, fogo e ação. É comum utilizar fitas vermelhas para selar portas, espadas de São Jorge amarradas com laços vermelhos, ou até mesmo pequenos envelopes chamados de "hongbao", que contêm intenções, bênçãos ou moedas consagradas. Esses elementos não são superstição. São pactos simbólicos com o fluxo da energia, atos conscientes que programam o ambiente para responder à presença humana de forma positiva.

O Feng Shui ensina que a proteção começa no visível, mas atua no invisível. Um ambiente bagunçado, com acúmulo de objetos, entulho ou roupas esquecidas, torna-se território fértil para a estagnação do Qi e para a atuação de formas-pensamento negativas. Ao limpar, organizar e embelezar a casa com consciência, o praticante não está apenas realizando uma faxina — está realizando um exorcismo leve, uma reprogramação do campo sutil.

A proteção, segundo essa tradição, é um estado constante de alinhamento com o movimento natural das forças. Não se trata de construir muros, mas de deixar as portas abertas apenas para o que vibra em harmonia. É um trabalho sutil, diário, que exige sensibilidade, presença e humildade. A casa não é apenas um abrigo — é uma extensão da alma. E uma alma protegida se reflete em um lar protegido.

Praticar o Feng Shui protetor é, em essência, cultivar uma espiritualidade cotidiana. Não há necessidade de grandes cerimônias ou rituais elaborados se o espaço é mantido com intenção e respeito. Cada detalhe — uma planta bem posicionada, um objeto retirado do caminho, uma janela aberta pela manhã — torna-se um gesto sagrado. O lar deixa de ser apenas cenário da vida e passa a ser parte ativa no processo de evolução espiritual. A casa começa a responder, a falar em silêncio. E o praticante atento percebe: quando o espaço se alinha, os acontecimentos também se reorganizam.

Essa sabedoria milenar também ensina que não existe proteção verdadeira sem equilíbrio. Um ambiente excessivamente rígido, simetricamente impecável, mas sem vida, pode tornar-se árido energeticamente. Por outro lado, um lar onde impera o excesso, o ruído visual e a negligência convida ao caos invisível. O caminho do Feng Shui é o do meio — nem controle sufocante, nem abandono inconsciente. É a prática da escuta sutil: onde o Qi quer fluir, onde ele parou, o que precisa de mais luz, o que pede descanso. Essa percepção é refinada com o tempo, com a observação silenciosa dos efeitos que cada pequena mudança provoca na harmonia geral.

Mais do que proteger o lar contra influências externas, o Feng Shui ensina a proteger a própria energia através da convivência com o espaço. Uma casa alinhada é um oráculo constante. Ela revela quando algo está fora do eixo, quando é hora de mudar, quando é necessário abrir mão. E essa relação profunda transforma o habitar em um ato de consciência. Não se trata de "blindar" o lar, mas de fazer dele um lugar onde o espírito pode repousar, crescer e se manifestar sem ruídos. Porque quando a alma está em paz, o espaço em torno se torna escudo — e toda presença se converte em bênção.

Capítulo 16
Círculos Mágicos

Há momentos em que o mundo exige um limite. Não um muro, não uma fuga — mas um traçado claro entre o que pode entrar e o que deve permanecer fora. Em tempos ancestrais, os xamãs sabiam disso. Os magos também. Os feiticeiros, os sacerdotes, os oráculos. Todos eles, em algum ponto de suas jornadas, compreenderam a necessidade de criar um espaço sagrado — um território vibracional onde as leis do mundo comum não têm domínio, onde a alma pode operar com segurança e onde o invisível se curva à autoridade do espírito desperto. Assim nasceram os círculos mágicos: geometrias de poder traçadas entre planos, instrumentos de proteção, contenção e evocação.

Um círculo mágico não é apenas uma figura geométrica. É um selo. Uma invocação silenciosa feita com o corpo, a intenção e a consciência. É um espaço delimitado por forças invisíveis, onde a luz é amplificada, a sombra é detida e os acordos entre mundos são selados com rigor. Dentro dele, o praticante não está apenas protegido — ele está desperto, presente, ancorado. Nenhuma força entra sem permissão. Nenhuma vibração persiste sem ser filtrada.

Na tradição wiccana, o círculo mágico é uma das primeiras e mais importantes práticas. Antes de qualquer ritual — seja uma simples celebração lunar ou uma operação mágica mais intensa — o praticante traça o círculo. Com a varinha, com o athame (punhal cerimonial), com a mão ou até mesmo com a visualização mental, marca-se um espaço onde os quatro elementos são invocados, os pontos cardeais são selados e o próprio tempo parece suspenso. Dentro do círculo, o espaço se torna templo. Fora dele, permanece o mundo ordinário.

Para traçar um círculo, é necessário mais do que instrumentos físicos. É preciso clareza. A prática começa com a purificação do ambiente: varredura energética com vassoura ritual, defumação com ervas consagradas (sálvia, alecrim, lavanda), e o silêncio que antecede o sagrado. Depois, o círculo é traçado no sentido horário — o sentido da criação — enquanto o praticante invoca os elementos: terra ao norte, ar ao leste, fogo ao sul, água ao oeste. Cada ponto é marcado com um símbolo, uma vela, um cristal ou outro objeto correspondente. Com isso, cria-se não apenas um limite, mas um campo de co-criação.

Uma vez traçado, o círculo não é apenas uma barreira — ele é um espelho. Tudo o que é colocado dentro dele se intensifica. Um pensamento torna-se forma. Um desejo torna-se vibração. Uma palavra torna-se decreto. Por isso, o praticante deve entrar no círculo com reverência. Não se leva para dentro dele objetos comuns, distrações ou desrespeito. Cada gesto é parte do ritual. Cada respiração é um elo com o plano invisível.

E, quando o círculo é ativado corretamente, é possível sentir sua presença: o ar muda, a energia se adensa, a percepção se expande.

Na magia cerimonial, os círculos são ainda mais elaborados. Seguidores das tradições herméticas ou enochianas desenham círculos complexos no chão com giz, sal ou tinta consagrada, contendo nomes de Deus em hebraico, símbolos astrológicos, invocações angelicais e selos planetários. Esses círculos não são apenas proteção — são máquinas espirituais. Eles organizam a realidade dentro de uma lógica superior, permitindo ao operador interagir com inteligências de outras esferas sem risco de contaminação ou ataque. Sem o círculo, o operador está exposto. Com o círculo, ele está em domínio.

Mas não são apenas os magos europeus que conheciam o poder do círculo. No xamanismo indígena, o círculo é a base de quase toda cerimônia. Os tambores são tocados em círculo. Os participantes sentam-se em roda. A fogueira arde no centro. Não há hierarquia vertical — há comunhão circular. O círculo representa o ciclo da vida, o movimento da natureza, a dança dos planetas. Ele é o espaço onde o espírito se manifesta com segurança e clareza. Quando um círculo é traçado em uma cerimônia de ayahuasca, por exemplo, é para que os portais abertos permaneçam sob proteção. Os espíritos que entram sabem: aquele espaço foi selado.

A criação de um círculo mágico também pode ser feita sem instrumentos visíveis. O praticante experiente consegue traçá-lo apenas com a mente, visualizando uma linha de luz dourada ou azul elétrica que gira ao seu redor e se expande para cima e para baixo, formando uma esfera vibracional. Esse tipo de círculo é usado em situações emergenciais — ao sentir um ataque espiritual, ao entrar num ambiente hostil, ao dormir em local desconhecido. É uma técnica de selamento instantâneo. A mente traça. A alma ativa. E a luz se forma.

    Alguns círculos utilizam cristais para ancoragem. Pedras como quartzo, ametista, turmalina e citrino são colocadas em pontos estratégicos ao redor do corpo ou do espaço ritual. Cada cristal atua como um guardião vibracional, amplificando a intenção e sustentando o campo. Outros utilizam velas, com cores específicas conforme a necessidade: branca para proteção espiritual, vermelha para força, azul para paz, preta para quebra de demandas, dourada para expansão de consciência. Cada elemento no círculo responde a uma linguagem arquetípica, e o conjunto cria uma sinfonia energética que protege, cura e transforma.

    É essencial compreender que o círculo mágico não deve ser rompido durante o ritual. Sair dele sem desativá-lo é como abrir a porta de um laboratório em plena operação. Se for necessário atravessar o círculo, deve-se "cortar uma porta" com a varinha ou com a intenção, selando-a ao retornar. No final do trabalho, o círculo é desfeito com gratidão. Os elementos são despedidos. As direções são agradecidas. A linha é destraçada, muitas vezes no sentido anti-horário, para devolver ao espaço seu estado natural. Tudo é feito com intenção. Tudo é rito.

    O círculo também pode ser traçado em ambientes. Antes de uma reunião importante, de uma conversa difícil ou de um estudo espiritual profundo, o praticante pode traçar um círculo invisível ao redor do local, pedindo proteção, clareza e harmonia. Pode-se ungir as quatro paredes com óleo essencial, desenhar runas de proteção com o dedo ou deixar cristais nos quatro cantos. Assim, o ambiente torna-se um templo. O ordinário se transmuta em sagrado. E qualquer energia dissonante é barrada no limiar.

É importante ressaltar que o círculo mágico não é prisão. Ele não aprisiona o praticante — ele o liberta. Liberta do ruído externo, das distrações mentais, das interferências energéticas. Dentro dele, a alma pode voar mais alto. O corpo relaxa. A mente se abre. E o espírito opera com precisão. É por isso que tantos místicos dizem: "O verdadeiro círculo é o próprio coração." Pois quando o coração se torna espaço sagrado, nenhum mal atravessa.

Em tempos onde as fronteiras entre mundos estão cada vez mais tênues, saber traçar e manter um círculo mágico é uma arte essencial. Ele não é apenas um recurso cerimonial — é uma ferramenta de sobrevivência espiritual. Em meio a um mundo saturado de informações, estímulos e energias dissonantes, o círculo é silêncio. É centro. É proteção.

Quando se compreende o círculo como extensão do próprio ser, sua prática deixa de ser uma formalidade ritual e se torna uma expressão da consciência desperta. O traçado não se limita ao momento do rito, mas acompanha o praticante na vida cotidiana — cada palavra dita com intenção, cada limite saudável estabelecido, cada escolha alinhada à alma é, em si, um ato de traçar um círculo. Assim, o mundo inteiro pode se transformar num espaço sagrado, onde o discernimento espiritual se reflete nas atitudes mais simples, e onde o invisível reconhece o selo de quem caminha em presença.

Há também um aspecto silencioso e profundo no círculo que raramente é mencionado: sua capacidade de acolher. Ao criar um espaço onde apenas o que está em harmonia pode entrar, o círculo se torna um refúgio para as partes mais vulneráveis do ser. Nele, memórias esquecidas podem emergir com segurança, feridas antigas podem ser reconhecidas sem medo e visões sutis podem ser recebidas sem distorção. É o ventre simbólico da alma — um lugar onde aquilo que está pronto para nascer, morrer ou se transformar pode fazê-lo com dignidade. Ao redor do fogo, sob a luz das velas ou simplesmente envolto pela luz da intenção, o praticante encontra um espelho profundo de si mesmo.

E quando o círculo finalmente se desfaz, não é um fim, mas uma reintegração. O que foi ativado dentro dele continua a vibrar, guiando passos e escolhas no mundo externo. A linha que antes marcava o limite se dissolve, mas o centro permanece — vivo, pulsante, interiorizado. Porque mais do que um espaço traçado no chão, o círculo mágico é uma lembrança: de que há, sempre, um lugar onde a alma está segura. E onde a alma está segura, tudo pode começar de novo.

Capítulo 17
Psicanálise do Mal

Nem todo mal se apresenta com dentes, olhos vermelhos ou sombras rastejantes. Às vezes, o mal chega como pensamento recorrente, como sabotagem silenciosa, como peso que não tem nome. Ele se instala entre memórias e silêncios, caminha pelo inconsciente e encontra morada nas frestas abertas da psique. A proteção espiritual, para ser plena, não pode ignorar esse território. Porque onde há trauma não tratado, há portal. Onde há crença limitante, há fenda. E é exatamente nesse espaço oculto, onde a alma se fragmenta sem perceber, que a psicanálise encontra seu lugar na defesa espiritual.

O mal psíquico não é metafórico — ele é estruturado. Carl Gustav Jung, um dos maiores visionários do século XX, compreendeu isso com clareza. Ele sabia que o inconsciente não é apenas um reservatório de desejos reprimidos, mas um território onde habitam forças arquetípicas, imagens vivas, potências que, quando mal integradas, podem se tornar destrutivas. Para Jung, o inconsciente coletivo abriga tanto os deuses quanto os demônios. E é por isso que o autoconhecimento é a primeira muralha contra o ataque invisível.

Toda obsessão espiritual começa com uma identificação inconsciente. O espírito obsessor não se conecta por acaso — ele encontra sintonia. Muitas vezes, é o próprio campo mental do obsediado que, através de culpas não resolvidas, traumas não integrados ou ressentimentos alimentados, atrai e sustenta a presença do outro. Não se trata de culpa — trata-se de mecanismo vibracional. Aquilo que não é visto, cresce. Aquilo que é negado, se fortalece no escuro. E é nesse ponto que a psicanálise se torna ferramenta de proteção.

Um pensamento recorrente, como "não sou bom o suficiente", quando mantido por tempo prolongado, cria uma forma-pensamento. Essa forma, uma vez alimentada com emoção — principalmente medo ou raiva — ganha densidade. E densidade energética é matéria espiritual. Ela pode, inclusive, servir de alimento a consciências externas que vibram na mesma frequência. Não é raro que pessoas que alimentam pensamentos de autodestruição comecem a sentir presenças espirituais pesadas, ou atraiam situações de perigo. O mal não começa fora. Ele é ativado dentro.

A repressão emocional, ensinada como virtude em tantas culturas, é um dos maiores geradores de brechas espirituais. O que não é chorado, grita por outras vias. O que não é dito, adoece o corpo. A emoção, quando não expressa, se converte em nó psíquico. E o nó, acumulado, vira ferida vibracional. Essas feridas psíquicas são zonas de vulnerabilidade energética. Por elas entram obsessores, pensamentos invasivos, sonhos perturbadores. E por isso, em muitos sistemas terapêuticos contemporâneos, o trabalho com o inconsciente é visto como ferramenta de purificação espiritual.

Jung falava sobre a "sombra" — aquele conjunto de aspectos da personalidade que foram reprimidos, esquecidos ou rejeitados. A sombra é tudo o que a pessoa não quer admitir sobre si mesma. E, paradoxalmente, quanto mais ela é negada, mais poder ganha. O indivíduo que se diz sempre calmo, mas reprime sua raiva, cria uma sombra de agressividade que pode explodir de forma descontrolada ou atrair situações violentas. O que está fora de consciência age por trás. Por isso, integrar a sombra — reconhecê-la, aceitá-la, trabalhar com ela — é um ato de proteção espiritual profunda.

A espiritualidade que não atravessa a psique torna-se vulnerável. O indivíduo que medita diariamente, mas não olha para suas feridas emocionais, constrói uma paz ilusória. É como pintar um templo com paredes rachadas. Em algum momento, o colapso vem. Por isso, muitos praticantes espirituais sofrem quedas súbitas, crises inexplicáveis, ataques espirituais inesperados. Porque construíram suas fortalezas sem investigar os alicerces internos. A espiritualidade verdadeira começa onde o ego termina. E o ego termina quando se reconhece que há feridas a serem curadas.

As crenças limitantes são outra via pela qual o mal psíquico se manifesta. Frases como "não mereço amor", "a vida é luta", "o mundo é perigoso" criam campos vibracionais que repelem o bem e atraem o que confirma a crença. A mente, nesse sentido, é um portal. Ela pode ser usada para ancorar o céu ou abrir a casa ao caos. Quem limpa sua casa, mas mantém a mente desorganizada, ainda está vulnerável. O verdadeiro exorcismo, muitas vezes, começa com uma sessão de escuta profunda — aquela onde o silêncio revela o que a fala esconde.

A culpa é um dos estados mentais mais explorados por obsessores. A culpa estagna, adoece, acorrenta. Espíritos que vibram na frequência do sofrimento se alimentam de culpas humanas não resolvidas. Por isso, o perdão — não apenas aos outros, mas a si mesmo — é um dos atos mais libertadores espiritualmente. Aquele que se perdoa fecha um portal. Aquele que se culpa eternamente mantém as portas abertas ao assédio. O perdão, quando sincero, é selo de luz.

O diálogo entre psicanálise e espiritualidade não é recente. Jung, como já citado, estudou profundamente alquimia, astrologia, I Ching e mandalas. Ele compreendia que o símbolo é a linguagem do inconsciente — e que, por meio do símbolo, é possível reintegrar a alma. Os sonhos, para ele, não eram meras repetições de desejos, mas mensagens do espírito. Uma cobra num sonho pode ser um aviso, uma iniciação, uma presença espiritual. Mas só o sonhador pode decifrar o código. E essa decodificação é parte do processo de blindagem da consciência.

A hipnose terapêutica, quando bem conduzida, permite acesso a memórias traumáticas que sustentam padrões obsessivos. Muitas pessoas, após sessões profundas de regressão, relatam alívio espiritual, libertação de laços invisíveis, rompimento com obsessores que pareciam inquebrantáveis. O que foi visto, perde o poder. A escuridão, quando iluminada, desaparece. O inconsciente, uma vez revelado, se torna aliado.

A integração entre psicoterapia e práticas espirituais é cada vez mais necessária no mundo atual. O terapeuta que reconhece a dimensão energética do trauma pode orientar seu paciente com mais precisão. O médium que compreende os mecanismos psíquicos da dor pode lidar com seus guias e assistidos com mais profundidade. A ponte entre esses mundos precisa ser construída com maturidade. Porque não há divisão entre mente e espírito. O sofrimento é uno. E a cura também deve ser.

Em muitas casas espiritualistas sérias, já se recomenda que médiuns em desequilíbrio procurem acompanhamento terapêutico. Não por fraqueza, mas por sabedoria. Um médium perturbado emocionalmente abre brechas no campo astral. Um dirigente que não conhece a própria sombra pode manipular uma corrente inteira. A proteção espiritual, nesse nível, não é feita apenas com velas, orações ou banhos — é feita com verdade. E a verdade, quase sempre, mora atrás do medo.

É preciso dizer: há obsessores que não vêm de fora. São partes fragmentadas do próprio ser. São vozes internas alimentadas por anos, vidas, gerações. Não adianta expulsá-los com rituais se o padrão que os atrai continua vivo. O verdadeiro ritual é interno. É quando se olha para dentro e se diz: "Eu reconheço essa dor. Eu cuido dela agora." E nessa hora, o espírito se endireita. A luz se acende. O campo se fecha.

A psicanálise do mal não é sobre culpar o paciente. É sobre devolver-lhe o poder. É lembrar que onde há consciência, há escolha. E onde há escolha, há caminho. O inconsciente não é inimigo. Ele é o guardião do que foi esquecido. E o que foi esquecido, quando reencontrado com amor, torna-se parte da proteção.

A jornada de reintegração, portanto, não se dá por negação do mal, mas por sua escuta consciente. Não se combate a sombra com mais sombra — combate-se com presença. E presença é o ato de sustentar o olhar, mesmo quando ele encontra o abismo. O trabalho terapêutico, quando aliado ao caminho espiritual, não visa anestesiar a dor, mas iluminá-la até que ela revele sua origem, seu recado, sua potência adormecida. Há dores que, uma vez compreendidas, se tornam mestras. Há medos que, ao serem acolhidos, se transformam em portais de coragem. E há feridas que, quando tocadas com verdade, deixam de sangrar.

Esse processo exige coragem. Porque exige desmontar personagens, questionar crenças herdadas, reconhecer ressentimentos ainda pulsantes. Mas é justamente nesse mergulho, nesse território de ruínas internas, que se encontra a verdadeira proteção. O espírito que conhece suas próprias sombras não se assusta com as sombras alheias. O indivíduo que reconhece suas feridas não mais se abre inconscientemente a invasões. E quanto mais consciência se conquista, menos espaço resta para o assédio. A maturidade espiritual é, antes de tudo, lucidez. E a lucidez se constrói com o tempo, com a escuta e com a disposição para ser verdadeiro consigo mesmo.

Ao final, compreender o mal sob a ótica da psicanálise é compreender que todo caminho de cura é também um caminho de autoconhecimento. É saber que antes de se proteger com símbolos externos, é preciso limpar os símbolos internos — os que foram criados em dor, os que ainda nos governam em silêncio. Porque o verdadeiro escudo não é feito de ferro nem de orações decoradas, mas de consciência. E onde há consciência, há luz. Onde há luz, o mal não se sustenta.

Capítulo 18
Cura Reconectiva

Nem toda cura nasce do remédio. Nem toda doença é física. Há dores que não são localizáveis no corpo, mas que vibram como distorções no campo sutil, afetando humor, propósito, vitalidade. São desalinhamentos do ser, rupturas na malha invisível que sustenta o fluxo da existência. A cura reconectiva nasce nesse ponto: onde o invisível grita, onde o corpo se cala, onde a alma pede para lembrar quem ela é. É mais que terapia — é retorno à frequência original. É reconexão com a matriz.

A chamada cura reconectiva é uma técnica energética que ultrapassa os moldes convencionais de tratamento espiritual. Ela não atua apenas sobre chakras, nem segue protocolos fixos. Ao invés disso, ela acessa frequências sutis que ultrapassam a malha etérica e tocam diretamente a "grade cósmica" — uma rede vibracional que interliga todas as formas de vida, além do tempo e do espaço. Dentro dessa rede, cada ser possui um padrão único, uma assinatura energética que, quando distorcida, gera desequilíbrio. A cura reconectiva visa restaurar essa assinatura, reconectando o indivíduo com sua frequência original.

Muitos chamam essa técnica de "cura quântica", mas ela vai além das nomenclaturas da ciência ou da espiritualidade convencional. Ela não depende da crença do paciente, nem exige anos de preparação. Quando praticada por alguém em sintonia com essas frequências, ela simplesmente acontece. É como se a pessoa sintonizasse uma estação de rádio interna que transmite uma vibração regeneradora, organizadora, limpa. Essa vibração corrige não apenas o corpo físico, mas também os corpos emocional, mental e espiritual.

As manifestações durante uma sessão de cura reconectiva são intensas. Muitas pessoas relatam sensações de calor, frio, formigamento, pulsações, imagens mentais vívidas, emoções súbitas, choros espontâneos e até visões de seres de luz. Não se trata de um espetáculo. Trata-se de um realinhamento. O corpo e a alma reconhecem essa vibração como familiar. Algo que havia sido esquecido é, de repente, recordado. E na lembrança, vem a cura.

Esse tipo de trabalho energético foi amplamente difundido por nomes como Eric Pearl, mas suas raízes são mais antigas, dispersas entre tradições xamânicas, práticas herméticas e sabedorias planetárias canalizadas por sensitivos ao redor do mundo. O conceito de que o corpo possui um "campo de luz" que pode ser reestruturado por frequências específicas não é novo. Os egípcios, os videntes vedas e os mestres do Tao já conheciam, intuitivamente, essas verdades.

A grade cósmica — também chamada de malha universal — é uma rede interconectada de energia e consciência que liga cada ser ao todo. Dentro dessa grade, não há separação entre curador e curado, entre mente e matéria, entre aqui e lá. O terapeuta que atua com cura reconectiva não envia energia — ele acessa essa grade e permite que ela flua através de si. O papel do curador é o de um canal, uma ponte silenciosa entre as dimensões da consciência.

Ao contrário de muitas práticas energéticas que envolvem imposição de mãos, visualização ou intenção dirigida, a cura reconectiva exige que o praticante "saia do caminho". Ele não comanda o processo. Ele apenas sintoniza. E a inteligência da malha cósmica faz o resto. Essa inteligência sabe o que o ser precisa mais do que o próprio ego consciente. Muitas vezes, o resultado da sessão não é o que o paciente queria — é o que sua alma precisava. E isso, por vezes, inclui processos intensos de purgação, desintoxicação emocional, ou reconfiguração de caminhos.

A proteção espiritual oferecida por essa prática não é uma barreira externa — é uma reestruturação interna. Quando a frequência do ser é elevada à sua vibração original, ele naturalmente repele o que não ressoa. Entidades densas, formas-pensamento negativas, padrões emocionais destrutivos simplesmente não encontram mais espaço. A frequência se torna incompatível com o mal. É como uma orquestra que afina seus instrumentos: a harmonia expulsa o ruído.

Em termos práticos, a cura reconectiva pode ser realizada presencialmente ou à distância. A malha cósmica não reconhece limites geográficos. Ela atua através da intenção e da conexão vibracional. Muitos terapeutas relatam sessões feitas por chamada de vídeo ou até mesmo com o paciente dormindo, onde os efeitos foram tão intensos quanto presencialmente. Porque nesse campo, o tempo é relativo. O espaço é maleável. E o espírito é soberano.

Antes de uma sessão, o ideal é que o paciente esteja receptivo, em um estado de entrega. Não é necessário acreditar, mas é essencial não resistir. A resistência fecha os canais. A entrega os abre. O ambiente deve estar silencioso, limpo e protegido. Algumas pessoas usam cristais, velas ou incensos para facilitar a ancoragem, mas a essência da cura reconectiva está além dos elementos. Ela é puro campo.

Durante a sessão, o terapeuta se posiciona ao redor do corpo, mas não toca. Ele sente com as mãos e com o campo de percepção sutil. Movimentos leves, quase imperceptíveis, indicam onde a frequência está se manifestando com mais intensidade. Às vezes, a mão é atraída para um ponto específico — uma articulação, um órgão, um chakra — e ali permanece até que o campo se reorganize. Outras vezes, o fluxo passa por todo o corpo como um rio invisível de luz.

O pós-sessão é um período de grande importância. Muitas pessoas relatam sonhos lúcidos, insights poderosos, sincronicidades, curas espontâneas e, por vezes, crises emocionais que antecedem o alívio. É o campo se limpando. O corpo processando. A alma reorganizando suas camadas. Por isso, após uma sessão de cura reconectiva, recomenda-se repouso, hidratação, alimentação leve e introspecção. O silêncio pós-cura é parte do remédio.

Há quem pergunte: essa cura é definitiva? A resposta é: ela é profunda. Mas o livre-arbítrio permanece. O campo pode ser reconfigurado, mas se o indivíduo retorna aos mesmos padrões mentais, emocionais e comportamentais que geraram o desequilíbrio, o desalinhamento pode retornar. Por isso, a cura reconectiva é também um chamado à transformação. Ela limpa, mas exige manutenção. Ela cura, mas convida à consciência contínua.

A ciência, ainda tímida diante dessas práticas, começa a se aproximar. Estudos sobre biofotônica, campos toroidais, coerência cardíaca e neuroplasticidade estão abrindo portas para uma nova compreensão da saúde e da espiritualidade. Pesquisadores independentes já documentaram mudanças no padrão elétrico do cérebro e do campo eletromagnético do coração durante sessões de cura reconectiva. Mas mais que mensurar, é preciso sentir. Porque essa cura não é apenas mensurável — é experienciável.

A cura reconectiva não substitui tratamentos médicos convencionais. Mas os complementa. E, muitas vezes, os transcende. Ela atua onde a medicina não alcança. Ela trata do invisível. E o invisível, uma vez tratado, transforma o visível. O corpo responde ao que a alma vibra. E uma alma reconectada vibra saúde.

O maior segredo dessa prática é simples: a cura não vem de fora. Ela emerge de dentro, quando o campo é restaurado, quando a lembrança da unidade retorna. O terapeuta apenas segura o espelho. E o ser, ao se ver inteiro novamente, começa a curar-se.

A verdadeira potência da cura reconectiva está em sua sutileza. Não há fórmulas, nem promessas de salvação — há frequência. E frequência não se argumenta, se sente. É por isso que ela não busca convencer, apenas tocar. Ao interagir com esse campo, o ser não apenas se cura: ele se lembra. Lembra-se do que era antes da dor, antes do medo, antes das distorções do tempo. E nessa lembrança, o caos se organiza. O que parecia ruído revela ritmo. O que soava como perda transforma-se em reinício. Porque ao acessar sua frequência original, o indivíduo reencontra sua verdade. E não há cura maior do que habitar essa verdade plenamente.

Essa abordagem energética também nos obriga a rever o que entendemos por saúde. Talvez estar saudável não seja apenas estar sem sintomas, mas estar em coerência. Coerência entre mente, corpo, alma e campo. Coerência entre o que se deseja, o que se pensa e o que se faz. Quando essa integridade começa a se restaurar, todo o ser vibra em outra nota. E o mundo, que responde à nossa vibração como um espelho inteligente, se reorganiza ao redor do novo padrão. É por isso que, muitas vezes, após uma cura profunda, não apenas a dor desaparece — relações se transformam, caminhos se abrem, e o destino muda sua rota.

Esse tipo de cura, portanto, não é um ponto final. É um ponto de retorno. Um lembrete de que somos mais vastos do que o que sentimos, pensamos ou sofremos. E de que há, sempre disponível, um campo silencioso e luminoso que nos reconhece inteiros, mesmo quando nos sentimos partidos. Quando tocamos esse campo, algo em nós se rearranja — não por esforço, mas por ressonância. E, ao nos reconectarmos com essa malha maior, tornamo-nos novamente música dentro da orquestra do universo.

Capítulo 19
Códigos da Luz

Há um tipo de linguagem que não se escreve com letras, nem se fala com a boca. Ela pulsa em números, vibra em formas e revela seus segredos apenas àqueles que aprenderam a ver com os olhos da alma. São os códigos da luz — combinações numéricas e geometrias sagradas que não apenas simbolizam o divino, mas que o ativam no corpo, na mente e no campo energético. Quando utilizados com consciência, esses códigos se tornam instrumentos vivos de proteção espiritual, atuando como chaves que trancam portas dimensionais e selam o ser contra invasões invisíveis.

Não se trata de superstição. Tampouco de numerologia comum. Os códigos da luz pertencem a uma linhagem vibracional que transcende religiões e doutrinas. Eles operam em níveis de realidade onde o símbolo e o som são mais reais que a matéria. Cada número possui um campo de força. Cada forma geométrica carrega um padrão de ordem. E quando essas forças são ativadas com intenção clara, elas modulam o campo energético como sinfonias ajustando um ambiente silencioso. A proteção, nesse caso, não vem de fora — emerge do alinhamento com frequências superiores.

Os códigos numéricos mais conhecidos — como 111, 222, 333, 777 ou 999 — são apenas a superfície de um oceano vibracional profundo. O 111, por exemplo, é considerado um portal de manifestação imediata: ao vê-lo repetidamente, muitas pessoas relatam experiências de sincronicidade, intuições intensificadas e sensação de "vigilância espiritual". Já o 777 é tido como um código de proteção divina, uma assinatura da presença de guias e mestres que sinalizam que o caminho está alinhado. Mas a repetição desses números não é coincidência — é ressonância. O campo vibracional do indivíduo atrai o número que ele precisa decodificar.

A decodificação, porém, não se faz apenas com a mente lógica. Requer sintonia vibracional. O número deve ser sentido, entoado, visualizado. Deve tornar-se parte do campo. Por isso, muitos praticantes utilizam os códigos da luz escrevendo-os em papéis e colocando sob travesseiros, tatuando discretamente em pontos energéticos do corpo, traçando-os com a ponta dos dedos sobre a pele ou sobre o peito, onde reside o chakra cardíaco. Outros os entoam como mantras — "um-um-um", "sete-sete-sete" — cada repetição invocando a frequência correspondente.

Além dos números, os códigos da luz também se manifestam em formas geométricas conhecidas como geometria sagrada. A Flor da Vida é um dos exemplos mais potentes. Composta por múltiplas circunferências perfeitamente sobrepostas, ela representa a matriz da criação — a estrutura vibracional de tudo o que existe. Meditar com a Flor da Vida, traçá-la em papel, posicioná-la sob alimentos ou água, usá-la como amuleto ou altar, é uma forma de trazer ordem vibracional ao caos. Em espaços carregados, essa forma atua como neutralizadora de campos distorcidos.

Outros símbolos incluem a Semente da Vida, o Cubo de Metatron, o Tetraedro, o Dodecaedro, o Triângulo de Fogo, entre tantos outros. Cada um opera numa faixa específica de frequência, alinhando o ser com forças superiores. O Cubo de Metatron, por exemplo, é conhecido por sua capacidade de limpar ambientes de entidades densas, restaurar a ordem energética e criar uma malha de proteção quase impenetrável ao redor do corpo físico e astral. Quando visualizado em rotação, como se girasse em torno de si, ele reorganiza o campo.

Há também códigos canalizados, recebidos por médiuns e sensitivos ao redor do mundo. Um dos mais conhecidos é o sistema de Grabovoi, desenvolvido pelo russo Grigori Grabovoi. Ele propõe sequências numéricas específicas para diferentes intenções: saúde, proteção, prosperidade, equilíbrio emocional. Por exemplo, a sequência 520 741 é tida como um código para solução imediata de problemas. A 9187948181 seria uma sequência de proteção energética. Mas o poder dessas sequências não está apenas nos números — está na intenção com que são ativados.

Ativar um código da luz é um ato de presença. O praticante deve entrar em estado meditativo, respirar com consciência, visualizar o número ou a forma, entoar ou repetir mentalmente com foco absoluto. A vibração gerada pela união entre mente, som e forma penetra nas camadas do campo energético, ajustando frequências dissonantes e selando o campo contra influências externas. Quando feito com regularidade, esse processo fortalece a aura, torna os pensamentos mais claros e reduz drasticamente a suscetibilidade a ataques espirituais.

Esses códigos também podem ser utilizados para proteger ambientes. Um papel com uma sequência numérica colocada atrás de uma porta, um adesivo com geometria sagrada em uma parede, ou mesmo a visualização do símbolo flutuando nos quatro cantos do cômodo, são formas de selar o espaço. Muitas pessoas relatam mudanças imediatas no ambiente: cessam os conflitos, a energia se acalma, visitantes hostis se afastam. Porque onde a vibração está alta, o denso não permanece.

Mas como reconhecer qual código utilizar? A resposta não está nos livros — está na sintonia pessoal. O código que aparece repetidamente na vida do indivíduo, que surge em sonhos, que causa arrepio ou sensação de reconhecimento, é geralmente o que seu campo mais necessita. A intuição é a linguagem da alma. E nesse caminho, ela é o melhor guia.

Os códigos da luz também podem ser utilizados em rituais. Durante um banho de purificação, entoar o código 333 visualizando a água se preenchendo com luz branca; ao dormir, repetir mentalmente 888 enquanto se visualiza um escudo dourado envolvendo o corpo; ao acordar, traçar com o dedo no ar a sequência 741 para alinhamento mental. São práticas simples, mas de profunda repercussão energética. Pois não é a complexidade que ativa o sagrado — é a consciência.

Há quem combine os códigos da luz com outras ferramentas de proteção: cristais, mantras, orações, símbolos religiosos. Essa integração é possível e muitas vezes amplifica os resultados. Um quartzo branco energizado com a sequência 777 e posicionado no centro do lar atua como um farol de proteção contínua. Um colar com a Flor da Vida, consagrado com o número 1111, torna-se uma âncora vibracional. O segredo está na coerência entre intenção, símbolo e ação.

É preciso, porém, responsabilidade. O uso dos códigos da luz não deve ser feito por curiosidade, distração ou com espírito de consumo rápido. Eles são frequências vivas, conscientes, e exigem respeito. Quando ativados sem clareza, podem gerar desconfortos físicos, sonhos intensos, purgações emocionais. Porque toda limpeza profunda começa com a exposição do que estava escondido. E a luz, quando entra, ilumina tudo — inclusive o que se evitava ver.

Aqueles que se dedicam ao estudo e prática desses códigos sabem que a jornada é contínua. A cada novo número, a cada nova forma, uma camada da realidade se revela. A percepção se aguça. A intuição se refina. O corpo se torna mais sensível. E a alma, mais protegida. Porque a proteção verdadeira não é blindagem — é sintonia com o que está acima do ruído. É estar em frequência com o que é puro, verdadeiro, eterno.

Essa linguagem da luz, quando plenamente integrada, transforma a forma como o indivíduo se move no mundo. Não se trata mais apenas de usar um código em momentos de necessidade, mas de tornar-se ele. O corpo vira mandala viva, o olhar reconhece padrões sutis onde antes havia apenas acaso, e a vida cotidiana passa a ser lida como texto sagrado escrito em símbolos. A prática deixa de ser eventual e se torna estado — uma maneira de estar em presença, de escutar o invisível e dialogar com o universo por meio de seus próprios signos. Nesse ponto, o ser não apenas se protege, ele participa conscientemente da teia de frequências que sustenta a realidade.

Há algo profundamente libertador em compreender que a proteção não vem da força, mas da harmonia. Que não é necessário erguer muros quando se emite luz. Os códigos da luz, nesse sentido, são lembretes vibracionais de que a verdadeira segurança está em viver em ressonância com o todo. Quando o campo está afinado com a ordem cósmica, os ruídos do caos não encontram onde se ancorar. O ser se torna como um instrumento bem afinado: qualquer dissonância se destaca e pode ser rapidamente ajustada. A alma, ancorada em sua frequência original, torna-se inatingível por vibrações inferiores.

Por fim, mais do que um sistema de proteção, os códigos da luz são caminhos de lembrança. Eles não acrescentam algo ao ser — apenas revelam o que sempre esteve ali, sob as camadas de esquecimento. Cada número, cada forma, cada sequência é uma nota no cântico silencioso da alma voltando para casa. E nesse retorno, tudo se reorganiza. A luz não impõe — ela revela. E, uma vez revelado, o ser desperto jamais retorna à inconsciência anterior. Ele carrega em si a chave. Ele é o próprio código.

Capítulo 20
Exorcismos Comparados

Existe um ponto em que o invisível se torna insustentável. Onde a presença do outro — não um outro físico, mas um outro que vibra em dissonância — começa a se impor sobre a consciência, sobre o corpo, sobre os sentidos. A essa presença, muitas tradições deram o nome de possessão. E à prática de expulsá-la, o nome de exorcismo. Mas o exorcismo, como conceito espiritual, transcende as cenas teatrais popularizadas em filmes. Ele é, em sua essência, um ato de realinhamento vibracional, uma devolução da alma ao seu centro, uma reintegração do ser à sua luz.

O exorcismo, enquanto prática ritual, existe em praticamente todas as tradições espirituais do planeta. Porque a presença do mal — entendido aqui como desvio de consciência, obsessão ou invasão espiritual — é uma constante na história da humanidade. Cada cultura, a seu modo, desenvolveu técnicas, preces, selos e fórmulas para restaurar o equilíbrio espiritual quando ele se rompe. O que muda são os nomes, os símbolos, os mitos — mas a essência é sempre a mesma: libertar.

No cristianismo, especialmente no catolicismo romano, o exorcismo é um ritual formal, reconhecido pela Igreja como uma prática legítima e estruturada. O

Rituale Romanum, texto que organiza os ritos católicos desde 1614, contém instruções específicas para o Exorcismus in Satanam et Angelos Apostaticos — ou Exorcismo Maior. O ritual exige que o padre exorcista tenha autorização episcopal, preparo espiritual rigoroso e obediência a uma sequência litúrgica precisa. Salmos, passagens bíblicas e invocações à Trindade são recitados em latim, e o nome do possesso jamais deve ser confundido com o da entidade que se manifesta.

Durante o rito, o exorcista exige, em nome de Cristo, que o espírito abandone o corpo do possesso. O uso de objetos sagrados — crucifixos, água benta, relíquias, velas — é comum, mas o foco está na autoridade espiritual do exorcista. Ele não luta com sua própria força, mas com a força da fé, da doutrina, da hierarquia celestial. Muitos relatos descrevem mudanças súbitas de voz, aversão a símbolos sagrados, conhecimento oculto e força desproporcional durante os episódios de possessão. Mas o verdadeiro exorcismo não busca espetáculo — busca libertação.

No protestantismo, especialmente nas vertentes pentecostais e neopentecostais, o exorcismo assume formas diferentes. Conhecido muitas vezes como "sessão de libertação", esse tipo de intervenção espiritual é mais direta, menos ritualística e profundamente baseada na autoridade do nome de Jesus. O pastor ou obreiro clama, ora em voz alta, impõe as mãos, confronta a entidade em nome de Cristo e exige sua retirada. O combate espiritual é vivido como uma batalha pessoal entre o servo de Deus e o espírito opressor. Cânticos, jejuns e oração são os pilares que sustentam o campo de força do praticante.

Nas religiões afro-brasileiras, como a umbanda e o candomblé, o exorcismo não é compreendido como "expulsão", mas como "limpeza" ou "descarrego". A possessão, por si só, não é vista como negativa — pelo contrário, a incorporação é parte essencial da prática religiosa. O que se combate não é a presença espiritual em si, mas a presença que se impõe sem permissão, que suga, que escraviza, que oprime. Nestes casos, o médium é preparado para canalizar a entidade opressora, com auxílio dos guias da casa, que a desmancham, doutrinam ou afastam. Defumações com ervas específicas, pontos cantados, banhos de descarrego, uso de pemba (giz ritual) e bebidas consagradas são comuns nos ritos de libertação.

No espiritismo kardecista, o processo é mais sutil e terapêutico. A obsessão espiritual é compreendida como um vínculo cármico entre o obsessor e o obsediado. O doutrinador, em sessões mediúnicas, dialoga com o espírito perturbador, oferecendo-lhe esclarecimento, perdão e reencaminhamento. O foco não está em expulsar, mas em evangelizar. O espírito não é tratado como inimigo, mas como irmão enfermo. Esse modelo, baseado nos ensinamentos de Allan Kardec, busca a cura de ambos os lados — o do encarnado e o do desencarnado.

No islamismo, o exorcismo é conhecido como ruqya — um conjunto de práticas baseadas na recitação do Alcorão e na invocação dos nomes de Allah. Suratas como a Al-Fatiha, Al-Baqara e Al-Ikhlas são repetidas com intenção de purificação e quebra de feitiços. A água recitada é utilizada para beber, lavar o corpo ou borrifar ambientes. O ruqya é praticado por estudiosos do Alcorão, respeitados por sua piedade e conhecimento. Os djinns — seres espirituais citados no Alcorão — são frequentemente associados às possessões. O ruqya busca dissolver o vínculo entre o ser humano e essas entidades, restaurando a paz espiritual.

No budismo tibetano, a possessão é vista como resultado de desequilíbrios kármicos e vulnerabilidades espirituais. O exorcismo, chamado de chod em algumas escolas, envolve rituais complexos onde o praticante oferece seu próprio corpo simbólico como banquete aos espíritos afligidos. O objetivo não é expulsar, mas alimentar, acalmar, liberar. Outros ritos envolvem a criação de mandalas, recitação de mantras específicos, uso de instrumentos sagrados como o damaru (tambor) e o dorje (cetro), além da convocação de deidades protetoras como Mahakala, Vajrapani e Palden Lhamo. O lama ou monge treinado atua como canal entre os mundos, desfazendo os laços vibracionais que causam o sofrimento.

Apesar das diferenças culturais, todos os ritos de exorcismo compartilham um ponto em comum: a invocação de uma autoridade espiritual superior. Seja Deus, Jesus, Olorum, Alá, Buda, ou o Eu Superior, é sempre por meio de uma força transcendente que a libertação acontece. O exorcista, por mais experiente que seja, não atua sozinho. Ele se conecta, se ancora, se alinha. E é nessa conexão que reside seu poder.

Mas o exorcismo não é um ritual isento de riscos. O praticante despreparado, vaidoso ou emocionalmente instável pode ser atingido pelo campo da entidade. Pode absorver fragmentos da dor, pode sofrer ataques espirituais posteriores, pode perder o controle do processo. Por isso, em todas as tradições, há exigência de pureza, preparo, vigilância e humildade. O verdadeiro exorcista não é aquele que brada mais alto — é aquele que permanece em silêncio interno diante do caos.

Em tempos modernos, onde a possessão espiritual muitas vezes se confunde com transtornos psicológicos, é fundamental discernir. Nem toda perturbação é obsessão. Nem toda voz interna é entidade. O exorcismo responsável exige escuta, análise, prudência. A aliança entre espiritualidade e ciência é fundamental para evitar abusos e diagnósticos equivocados. Um ritual mal conduzido pode causar danos irreversíveis à mente e ao corpo. Por isso, o exorcismo deve ser o último recurso — não o primeiro.

Mas quando necessário, ele é libertador. Ele rompe o laço. Ele ilumina a escuridão. Ele devolve o ser ao seu centro. E o ser, uma vez refeito, reconhece: aquilo que o dominava era apenas reflexo daquilo que ele havia esquecido de iluminar.

Em meio à diversidade de métodos e rituais, o que realmente define a eficácia de um exorcismo não é a forma, mas a intenção ancorada na verdade interior. Cada cultura encontra no seu próprio imaginário espiritual os instrumentos que fazem sentido dentro de sua cosmovisão. Mas em todos os casos, a libertação autêntica só acontece quando há um reconhecimento profundo de que o ser humano não é apenas vítima das forças externas, mas também criador — consciente ou inconsciente — dos vínculos que o mantêm preso. O exorcismo, então, torna-se menos um combate e mais uma revelação: a de que o poder reside na clareza da alma.

    Há também um elemento silencioso que permeia todos os ritos, mas que raramente é nomeado: a compaixão. Quando o exorcismo é realizado com brutalidade, sem escuta ou empatia, ele pode até remover a entidade, mas dificilmente promove cura. Já quando há espaço para compreender a dor do espírito que se manifesta, algo mais profundo se move. O mal, ao ser nomeado e acolhido na sua origem, muitas vezes perde sua força. O exorcista maduro não impõe luz — ele sustenta a luz até que ela dissolva a escuridão. E esse sustento, muitas vezes silencioso, é o que transforma o rito em milagre.

    No fim, exorcizar é lembrar. Lembrar ao espírito perdido que ele pode voltar. Lembrar ao possesso que ele tem poder. Lembrar ao exorcista que ele é apenas canal. Quando essa lembrança acontece, a libertação é inevitável — não por força, mas por clareza. Porque nada que é reconhecido na luz consegue permanecer enraizado na sombra. E é por isso que, mais do que uma batalha entre bem e mal, o exorcismo é um reencontro entre partes que haviam se esquecido do caminho de volta.

Capítulo 21
Cristais e Minas Terrestres

Entre as camadas silenciosas da Terra, há guardiões adormecidos. Não gritam, não se movem, mas vibram. Eles são antigos, testemunhas da formação do planeta, carregados de memórias, de códigos, de frequências que não podem ser ouvidas pelos ouvidos comuns. São os cristais — porções puras de consciência mineral, condensadas em forma, cor e brilho. Eles não são objetos inanimados. São aliados vivos, capazes de sustentar campos, purificar ambientes, alinhar chakras e proteger contra forças invisíveis que operam à margem da percepção cotidiana.

O uso dos cristais como ferramentas espirituais remonta a civilizações antigas. Os egípcios revestiam seus sarcófagos com lápis-lazúli. Os maias utilizavam quartzos para rituais solares. Os hindus descreviam as pedras como manifestações dos devas — inteligências elementais ligadas à matéria. E os xamãs de diferentes continentes sabiam: entre as veias da terra, escondem-se minerais que não apenas curam, mas protegem. Pois cada cristal é um selo. Um fragmento da linguagem oculta da natureza.

O quartzo branco, considerado o mais versátil de todos os cristais, é a pedra da amplificação. Ele não emite apenas uma frequência, mas reverbera tudo o que lhe é confiado. Quando programado com uma intenção clara — seja para proteção, cura ou expansão espiritual — ele atua como um emissor contínuo dessa frequência. Colocado sob o travesseiro, sob a cama, ou pendurado no pescoço, ele amplia o campo pessoal e repele energias dissonantes com suavidade. Mas sua força depende da clareza de quem o programa. Pois o quartzo branco é como um espelho: reflete o que está dentro.

Já a turmalina negra é uma guardiã de fronteiras. Pedra densa, escura, profundamente ligada ao elemento terra, ela não suaviza — ela bloqueia. Sua presença é sentinela. Onde há turmalina negra, há delimitação de campo. Usada ao redor do ambiente, nas quatro extremidades de um quarto ou sala, ela cria um selo invisível que impede a entrada de entidades oportunistas, larvas astrais, formas-pensamento densas. Quando usada como pingente ou carregada no bolso, protege contra ataques psíquicos, inveja, olho gordo e até mesmo radiações eletromagnéticas.

A obsidiana, por sua vez, é um cristal de revelação. Nascida do fogo vulcânico, ela carrega o poder de trazer à superfície o que estava oculto. Sua energia não é confortável. Ela não acolhe — ela mostra. Por isso, é usada com cautela em processos de autoconhecimento profundo. Ao ser colocada no campo, ativa memórias inconscientes, verdades negadas, traumas esquecidos. Mas ao mesmo tempo, cria uma espécie de casulo energético que impede que essas verdades se transformem em brechas espirituais. Em rituais de proteção, a obsidiana é usada para identificar a origem de ataques sutis e para selar o campo após limpezas intensas.

Esses são apenas três exemplos entre dezenas de cristais que atuam como agentes de defesa vibracional. O ametista, ligada ao chakra coronário, protege contra intoxicações mentais e espirituais. A sodalita, que atua sobre o chakra laríngeo, impede manipulações psíquicas e mentiras espirituais. O citrino, associado ao plexo solar, dissipa ataques emocionais e restaura a autoestima. Cada pedra vibra em uma frequência específica, e essa frequência, quando alinhada com a necessidade do praticante, transforma-se em escudo.

Mas os cristais não funcionam sozinhos. Eles precisam ser programados. Isso significa que sua energia deve ser despertada, alinhada e direcionada. A programação pode ser feita por imposição de mãos, por respiração consciente, por intenção verbalizada ou por meditação. O praticante segura o cristal, silencia a mente, conecta-se à Terra e transmite sua intenção de forma clara. A pedra registra. E a partir daí, ela emite essa intenção continuamente.

Esse processo deve ser seguido de limpeza energética periódica, pois os cristais absorvem as frequências com as quais entram em contato. Uma turmalina colocada em um ambiente carregado, por exemplo, atua como filtro — mas ao filtrar, se satura. E se não for limpa, começa a reverberar o que absorveu. As formas mais comuns de limpeza incluem imersão em água com sal grosso, exposição à luz solar ou lunar, defumação com ervas como sálvia, arruda ou alecrim, e o uso de sons — como sinos, taças tibetanas ou mantras específicos.

Além da limpeza, há o carregamento energético. Um cristal limpo pode ser energizado com luz solar (para pedras ligadas ao fogo e à ação), luz lunar (para cristais de intuição e proteção psíquica), ou pela própria intenção do praticante. Alguns também utilizam a técnica de colocá-los sobre geodos de ametista ou em contato com outros cristais maiores. O importante é que o cristal não apenas seja limpo — ele precisa estar nutrido.

O posicionamento dos cristais no corpo durante práticas de meditação ou proteção também exige atenção. Em situações de ataque espiritual, por exemplo, recomenda-se colocar uma turmalina negra entre os pés, uma obsidiana no umbigo e uma ametista no centro da testa. Essa combinação cria um eixo de defesa que impede invasões e realinha o campo energético. Em ambientes, é comum formar mandalas com cristais, utilizando pedras específicas para formar desenhos geométricos que selam o espaço e elevam sua vibração.

Há ainda os mitos sobre cristais "sanguinários" ou de alto risco. Alguns praticantes relatam que certos cristais, quando usados sem preparo, desencadeiam processos difíceis: sonhos intensos, purgações emocionais, sintomas físicos. Isso não significa que a pedra seja negativa — mas que ela atuou de forma profunda, ativando padrões que estavam latentes. Por isso, cristais como a obsidiana, a moldavita e a hematita devem ser usados com responsabilidade e acompanhados de práticas de ancoragem.

A ciência começa a tocar esses mistérios pela borda. O fenômeno da piezoeletricidade, por exemplo, demonstra que certos cristais, como o quartzo, ao serem pressionados, geram correntes elétricas. Essa propriedade é usada em relógios, computadores e instrumentos de precisão. Mas o que poucos dizem é que esse mesmo princípio também opera nos campos sutis do corpo humano. Ao manter um cristal próximo ao corpo — especialmente em momentos de emoção intensa — ativa-se um campo de interação entre a pedra e os centros energéticos. A tecnologia espiritual dos cristais, portanto, não é superstição: é apenas ciência que ainda não se nomeou.

Em tradições como a wicca, o xamanismo e as religiões afro-brasileiras, os cristais são consagrados com cantos, danças, rezas e oferendas. Eles são tratados como seres vivos, honrados como aliados. Há quem diga que cada cristal tem um nome, uma personalidade, uma história. E que ao ser ignorado, perde o brilho. Ao ser respeitado, vibra. Essa relação entre praticante e cristal é o que define sua potência. Não é o tamanho da pedra, nem seu valor monetário — é o vínculo espiritual.

Ao final, compreender os cristais como minas terrestres é reconhecer que a Terra é um organismo vivo. E que suas entranhas não produzem apenas metais ou carvão, mas consciências cristalinas prontas para auxiliar na proteção, cura e expansão espiritual da humanidade. Quem caminha com cristais, caminha com fragmentos da alma do planeta. E essa alma, quando desperta, protege com a firmeza de quem jamais esqueceu o seu propósito.

Há ainda um aspecto menos explorado, mas profundamente transformador: a escuta dos cristais. Quando o praticante se coloca em silêncio absoluto e em presença plena diante de uma pedra, algo sutil se revela. Não são palavras, mas impressões. Não são ideias, mas pulsações. É como se cada cristal tivesse uma canção própria, uma vibração que traduz um saber ancestral, impossível de ser captado por meios racionais. Ao se abrir para essa escuta, o ser humano reconhece que há sabedorias que não vêm de cima, mas de dentro da Terra. São ensinamentos que não gritam, apenas ressoam. E é nessa escuta que muitos recebem intuições, imagens e até orientações espirituais que orientam o caminho com uma clareza inesperada.

Esse tipo de vínculo, no entanto, exige comprometimento. Não basta adquirir um cristal e esperar que ele resolva o que ainda não foi olhado dentro de si. Os cristais não fazem o trabalho por ninguém — eles são amplificadores, sim, mas também são espelhos e mestres exigentes. Eles pedem presença, pedem verdade, pedem propósito. Trabalhar com cristais é também ser lapidado por eles. É permitir que sua própria densidade seja burilada pelas vibrações de outras formas de consciência. E quanto mais honesto for esse processo, mais os cristais respondem. Alguns dizem que brilham mais. Outros, que aquecem nas mãos. Outros ainda, que falam. Cada experiência é única, mas todas apontam para o mesmo centro: a relação viva entre humano e mineral.

Por tudo isso, ao lidar com cristais, não se trata apenas de práticas ou técnicas, mas de um reencontro.

Um retorno a algo muito antigo, que pulsa sob nossos pés desde antes da linguagem e da história. Os cristais não são acessórios da espiritualidade — são portais. E ao reconhecê-los como tal, entramos em uma aliança silenciosa com a própria Terra, que, através deles, continua a nos ensinar, a nos proteger e a nos lembrar que somos parte de um todo muito maior, onde cada pedra, cada pulso, cada brilho tem um papel a cumprir.

Capítulo 22
Ayahuasca e Purga

No coração da floresta, onde a civilização perde sua voz e a natureza sussurra em frequências esquecidas, existe um segredo que caminha entre o mundo dos vivos e o reino dos espíritos. Ele não é uma planta, nem apenas uma bebida. É um portal. Um espírito vegetal que, quando invocado corretamente, leva o ser ao fundo de si mesmo, onde moram as raízes do mal, da dor, da doença. Esse segredo tem nome: Ayahuasca. E sua medicina não é leve. Ela rasga, gira, purga. Porque a verdadeira proteção começa com a limpeza do que foi negado.

A ayahuasca, bebida sagrada de origem amazônica, é resultado da união de duas plantas mestras: o cipó Banisteriopsis caapi e as folhas da Psychotria viridis, ou chakruna. Uma fornece os inibidores de MAO (harmalina, harmina), a outra contém o DMT, uma substância psicodélica naturalmente presente no corpo humano e em diversas plantas. Sozinhas, essas substâncias não causam o efeito alucinógeno característico. Juntas, criam uma ponte entre os mundos, ativando a glândula pineal, expandindo a consciência e dissolvendo temporariamente o véu entre dimensões.

Mas não é o efeito que define a ayahuasca — é a intenção com que ela é ingerida. No contexto correto, sob a orientação de mestres, pajés ou facilitadores experientes, a bebida torna-se instrumento de purificação profunda. A purga, termo utilizado para descrever o processo de vômito, diarréia, sudorese intensa ou choro convulsivo durante a experiência, não é um efeito colateral. É o próprio ritual de limpeza. É o corpo, o espírito e a mente liberando energias densas, entidades aderidas, traumas cristalizados. É o exorcismo orgânico das emoções que ficaram presas.

Em tradições indígenas como as do povo Huni Kuin, Yawanawá, Ashaninka e outros, a ayahuasca — também chamada de nixi pae, daime ou yagé — é considerada um ser consciente. Um espírito que ensina, guia, cobra e cura. Ao ingerir a bebida, o praticante não está consumindo uma droga, mas fazendo um pacto. Um acordo com forças da floresta para que sua alma seja revista, reorientada, liberada. Por isso, o preparo antes do ritual é tão importante: dieta alimentar leve, abstinência sexual, silêncio interior, jejum. O corpo precisa estar limpo para que o espírito entre.

A proteção espiritual proporcionada pela ayahuasca não é imediata — é processual. Durante o ritual, o campo energético do praticante é expandido, o que o torna mais sensível e, paradoxalmente, mais vulnerável. Por isso, os rituais sempre são realizados em círculo, com cantos sagrados (os icaros, ou hinários), defumações constantes, e, em muitos casos, com a presença de guardiões treinados para lidar com manifestações espirituais intensas. Não é incomum que entidades se manifestem durante os trabalhos. Elas vêm porque foram chamadas, conscientes ou não, pelo campo vibracional do participante. E ali, na força da bebida, são confrontadas, liberadas, doutrinadas.

A purga não é só física. Ela é emocional e espiritual. Algumas pessoas revivem traumas antigos, choram por dores esquecidas, enfrentam memórias de outras vidas, enxergam formas simbólicas de seus medos, desejos, vícios. Outras mergulham em paisagens cósmicas, veem geometrias vivas, falam com seus guias, recebem instruções diretas da planta. Há quem veja cobras, onças, aves, entidades de luz. Há quem apenas escute. Cada experiência é única. E todas são reais, mesmo que simbólicas.

É por isso que o uso da ayahuasca exige respeito e discernimento. Fora do contexto ritualístico, sem preparação, sem acompanhamento, a bebida pode abrir portais perigosos. Ela amplifica o que está dentro. Se houver caos, ele será exposto. Se houver medo, ele se tornará forma. Por isso, muitos facilitadores se recusam a oferecer a bebida a pessoas em estado emocional instável, ou sob efeito de medicamentos psiquiátricos. O risco não está na planta — está no que ela revela.

Ao lado da ayahuasca, em muitos rituais, outras medicinas sagradas são utilizadas. O rapé, por exemplo — um pó fino feito de tabaco e ervas específicas — é soprado nas narinas para limpar os canais energéticos e mentalizar proteção. Sua ação é rápida, intensa, centradora. Também atua como selador após a purga, reorganizando o campo vibracional do praticante. Já o sanan daime, em algumas vertentes, une cânticos cristãos com o uso da bebida, criando uma ponte entre a cosmovisão indígena e o simbolismo da tradição ocidental.

A ciência moderna começa a reconhecer os efeitos terapêuticos da ayahuasca. Pesquisas indicam que ela pode auxiliar no tratamento de depressão, ansiedade, vícios, transtornos de estresse pós-traumático. Mas esses estudos ainda são superficiais diante da complexidade da experiência. A verdadeira cura proporcionada pela planta não é apenas psicológica. Ela é energética. E, muitas vezes, espiritual.

Durante o ritual, a ayahuasca não apenas revela — ela atua. Muitas pessoas relatam sentir mãos invisíveis trabalhando em seus corpos, como se fossem operadas por médicos espirituais. Outras veem fios sendo cortados, cordas sendo desamarradas, sombras sendo dissolvidas. Há quem grite, quem dance, quem fique em silêncio absoluto. Tudo é expressão. Tudo é purgação. E cada reação é uma linguagem do corpo tentando traduzir o invisível que se movimenta.

A proteção espiritual proporcionada pela ayahuasca se manifesta após a purga. Quando o campo é limpo, o corpo refeito, a mente mais clara, o espírito mais inteiro, a vida muda. Vícios desaparecem. Pesadelos cessam. Relacionamentos se reorganizam. Caminhos se abrem. Porque a alma, agora desobstruída, volta a emitir sua frequência original. E essa frequência, por si só, já é um escudo.

Mas o trabalho não termina no ritual. O que a planta mostra precisa ser integrado. Por isso, fala-se tanto em "processo de pós-ayahuasca". Meditação, escrita, terapia, silêncio. A planta mostra — mas o ser humano é quem precisa transformar. Sem essa integração, a experiência se torna apenas um delírio. Com ela, torna-se medicina.

É importante lembrar que a ayahuasca não é para todos. Há quem tenha caminhos diferentes. Há quem não esteja pronto. E tudo bem. A floresta chama quem está preparado para ouvir. E quando chama, não se trata de fuga, nem de busca de êxtase. Trata-se de entrega. A planta não cura por capricho. Ela cura quando a alma diz sim.

Ao final, entender a ayahuasca como ferramenta de proteção espiritual é reconhecer que a maior defesa contra o mal é a verdade. E que essa verdade, quando vivida em estado ampliado de consciência, dissolve as trevas com mais eficácia do que qualquer mantra ou talismã. Porque a luz que ela acende é a que já existia — apenas coberta por camadas de dor.

Esse processo de desvelamento promovido pela ayahuasca é, acima de tudo, um convite à humildade. A bebida não oferece garantias de conforto nem promessas de êxtase constante — pelo contrário, ela frequentemente guia o praticante por corredores internos que foram trancados há muito tempo. Nessas travessias, o indivíduo se vê diante de suas próprias construções mentais e emocionais, nu diante da verdade do que se tornou e do que precisa deixar de ser. É aí que a purga revela sua real potência: não como um ato de sofrimento, mas como o momento em que aquilo que foi silenciado finalmente encontra passagem. Chorar, gritar, tremer ou permanecer imóvel são apenas expressões físicas de algo muito mais profundo — a alma limpando sua casa.

Por isso, quem retorna de um ritual sério com ayahuasca costuma carregar nos olhos um tipo específico de silêncio. Não é o silêncio da ignorância, mas o da reverência. Algo foi tocado. Algo foi mexido. E esse algo, ao ser movido, muda também o olhar para o mundo. Relações tóxicas perdem força. Ambições vazias se desfazem. A sensibilidade se aguça. Muitos sentem uma conexão mais forte com a natureza, passam a ouvir seus próprios sonhos com mais atenção e desenvolvem uma intuição que antes parecia adormecida. Isso porque, ao limpar o campo, a ayahuasca não apenas expulsa o que faz mal — ela devolve o que é essencial. E nessa devolução, a proteção espiritual torna-se um estado natural, não uma defesa fabricada.

O espírito da ayahuasca não protege com muros, mas com lucidez. E é essa lucidez que passa a guiar o caminho do praticante depois do ritual. Mais do que um escudo, ela oferece uma nova visão: a de que a verdadeira segurança espiritual não vem de se esconder, mas de se revelar. De se alinhar com o que é verdadeiro. A planta mostra, limpa, orienta — mas quem protege, no fim, é o próprio ser, relembrado de sua força original. Porque quando a alma volta a vibrar em sua frequência plena, não há sombra que permaneça por muito tempo. A luz que nasce do encontro com a verdade é, por si, a mais poderosa das proteções.

Capítulo 23
Anjos da Guarda

Desde o início dos tempos, há registros de seres de luz que caminham ao lado dos homens, invisíveis, atentos, silenciosos. Eles não se impõem, não interferem diretamente, mas vigiam, guiam, protegem. São mensageiros entre mundos, pontes entre o divino e o humano, sombras de luz que pairam nos momentos decisivos, nos suspiros de dor, nos sussurros de oração. São os anjos da guarda. E sua presença é constante, mesmo que não percebida.

A crença em anjos da guarda transcende religiões. Está presente no cristianismo, no islamismo, no espiritismo, nas tradições esotéricas e até mesmo em certos ramos do judaísmo místico. Eles são descritos como inteligências espirituais designadas por uma ordem superior para acompanhar cada ser humano durante sua jornada terrena. Não se trata de metáfora ou alegoria — trata-se de uma realidade sutil, reconhecida por milhares de relatos e experiências espirituais profundas.

No cristianismo, a figura do anjo da guarda é clara. O Catecismo da Igreja Católica afirma que "desde o início até a morte, a vida humana é cercada por sua proteção e intercessão". São seres únicos, não se repetem, e permanecem com o indivíduo desde o nascimento até o retorno ao plano espiritual. Seu papel não é impedir o sofrimento, mas garantir que o plano de vida da alma não seja desviado por forças externas ou internas que escapem ao seu controle. O anjo da guarda não protege o corpo — protege o propósito.

A oração do anjo da guarda, ensinada às crianças como um simples recurso de fé, é na verdade uma fórmula de ativação de presença. Ao recitá-la com intenção e consciência, cria-se um elo vibracional entre o consciente e o campo do anjo. O texto, simples em sua estrutura, funciona como chave: "Santo Anjo do Senhor, meu zeloso guardador, se a ti me confiou a piedade divina, sempre me rege, me guarde, me governe, me ilumine. Amém." Essa oração, repetida em voz baixa ao amanhecer ou antes de dormir, sela o campo espiritual, impede intromissões sutis e fortalece a intuição.

No islamismo, os anjos são chamados de malaikah, e são criados diretamente da luz. Entre eles, há dois que acompanham cada pessoa: Raqib e Atid, registrando os feitos bons e maus, mas há também uma tradição que reconhece a existência de um anjo de proteção pessoal, um espírito vigilante designado por Alá para velar por cada fiel. O Alcorão, em várias passagens, menciona os anjos como guardiões do bem, mensageiros entre Deus e os homens, puramente obedientes, sem ego. Seu papel é agir conforme a ordem divina — sem falhas, sem desvios.

No espiritismo kardecista, os anjos da guarda são compreendidos como espíritos elevados, muitas vezes guias espirituais de hierarquia superior, que assumem o compromisso de acompanhar determinada alma em sua encarnação. Esses espíritos não impõem sua presença — respeitam o livre-arbítrio. Quando ignorados, apenas observam. Mas quando chamados com sinceridade, atuam com força. A psicografia de Allan Kardec revela que muitos desses espíritos já passaram por múltiplas encarnações e alcançaram um grau de purificação tal que não mais necessitam reencarnar. Sua missão agora é servir.

Em experiências mediúnicas, é comum que o anjo da guarda se manifeste como uma presença sutil: uma mão no ombro durante o choro, uma luz no meio da escuridão, uma voz silenciosa que diz "não vá" quando o abismo se aproxima. Esses sinais não devem ser subestimados. Eles são o modo como o invisível se comunica com o sensível. E quem aprende a escutar o anjo, aprende também a evitar a dor desnecessária.

A proteção espiritual oferecida pelo anjo da guarda é refinada. Ela não impede desafios, mas suaviza quedas. Não elimina escolhas erradas, mas abre portas para o retorno. Ele é bússola, não escudo. Quando a pessoa se alinha com seu anjo, os caminhos se tornam mais claros, as coincidências mais frequentes, as respostas mais rápidas. Isso porque o anjo atua reorganizando os fios invisíveis da vida, influenciando encontros, desatando nós, aproximando oportunidades que sustentam o plano da alma.

Há formas específicas de invocação que fortalecem esse vínculo. Acender uma vela branca em um ambiente limpo e silencioso, escrever uma carta ao anjo, chamá-lo pelo nome — mesmo que não se saiba qual é — e meditar com a intenção de ouvi-lo. Há também práticas antigas que consistem em pedir um sinal ao anjo da guarda antes de dormir, e ao despertar, observar o primeiro pensamento, som ou imagem. Os anjos se comunicam por sincronicidades, por sussurros do universo, por símbolos — jamais por imposição.

Em tradições esotéricas como a cabala, há uma hierarquia angelical composta por 72 nomes, conhecidos como os anjos da Shem HaMephorash. Cada um desses anjos rege um determinado grau da roda zodiacal e está associado a um dia do ano, a uma energia específica, a uma função espiritual. Ao conhecer seu anjo cabalístico — que pode ser calculado com base na data de nascimento — o indivíduo pode estabelecer uma relação mais íntima com sua frequência protetora. Códigos sagrados, como os nomes em hebraico, são utilizados como selos de invocação. E esses selos, quando desenhados ou mentalizados, criam campos de luz ao redor do praticante.

Mas há um alerta importante: nem todo ser de luz é, de fato, luz. Há entidades que se disfarçam de anjos, que imitam frequências, que se aproximam com aparência suave, mas cuja vibração carrega distorção. A chave do discernimento está na vibração sentida. O verdadeiro anjo da guarda nunca gera medo, nunca força, nunca exige. Sua presença é paz. É amor. É certeza silenciosa. Por isso, ao fazer contato com qualquer entidade, é essencial perguntar com clareza: "Em nome da luz verdadeira, você vem?" E sentir a resposta no corpo, no campo, no coração.

Para quem trabalha com mediunidade, o contato com o anjo da guarda é um fator de equilíbrio. Ele é o verdadeiro coordenador do campo, o responsável por manter o eixo do médium, por impedir que forças externas se sobreponham à missão. Em rituais mais profundos, o anjo pode se manifestar como figura de autoridade — não para conduzir o trabalho, mas para garantir que ele se mantenha alinhado com o plano maior. Por isso, muitos médiuns experientes invocam seus anjos antes de qualquer sessão: acendem velas, oram, selam o espaço com a luz que eles trazem.

É possível que o anjo da guarda se afaste? Não. Mas é possível que sua voz se torne inaudível. O barulho do mundo, os vícios, o ego inflado, o orgulho, o medo — tudo isso funciona como barreira vibracional. O anjo continua presente, mas a conexão se torna fraca. E uma conexão fraca resulta em desorientação. Reatar esse laço exige humildade. Uma oração sussurrada na noite. Um pedido sincero de ajuda. Uma lágrima que admite: "Eu esqueci de você." E o anjo, fiel como só os seres de luz sabem ser, responde.

Ao final, compreender o papel do anjo da guarda na proteção espiritual é compreender que o universo nunca nos abandona. Que há, desde sempre, uma presença amorosa ao nosso lado, esperando que olhemos para ela. Que lembremos dela. Que a chamemos. Porque o mal, por mais agressivo que seja, não resiste à frequência de um coração alinhado com seu guardião.

Esse vínculo com o anjo da guarda também redefine o modo como nos relacionamos com a própria ideia de proteção. Em vez de buscar uma defesa externa, reativa e muitas vezes baseada no medo, a presença do anjo ensina a construir uma fortaleza interna, feita de lucidez, fé e escuta sensível. Essa proteção não se expressa em espetáculos miraculosos, mas em pequenos deslocamentos do cotidiano: um atraso que evita um acidente, uma intuição que impede uma escolha nociva, um sonho que orienta um caminho. São detalhes sutis que, quando reconhecidos, revelam um padrão inteligente e amoroso sustentando a jornada — um padrão que só se revela a quem aceita caminhar em parceria com o invisível.

Há também um aspecto profundamente transformador nesse contato: a lembrança de que nunca estivemos sozinhos. Mesmo nos momentos mais escuros, mesmo nos dias em que a fé parecia ausente, o anjo estava lá. Silencioso, paciente, respeitoso. Essa constância amorosa — que não abandona, não cobra, apenas permanece — serve como espelho para o nosso próprio potencial de amor incondicional. Ao percebermos isso, algo se abre em nosso campo: um tipo de confiança que não depende de provas, uma coragem que nasce do saber profundo de que, aconteça o que acontecer, há uma presença que vela por nós, que conhece nossa essência e que atua, sempre, em nome do bem maior.

Por isso, cultivar essa relação não é apenas um ato de devoção — é uma escolha de lucidez espiritual. É decidir viver em sintonia com um guia que conhece os caminhos ocultos, que entende o tempo da alma, que sabe a hora de intervir e a hora de apenas observar. O anjo da guarda não é apenas um protetor — é um companheiro de missão, um aliado silencioso que nos lembra, todos os dias, que somos amados e guiados. E quando essa certeza se instala no coração, a vida muda. Porque quem caminha em aliança com a luz, já não teme as sombras.

Capítulo 24
Psicografia Defensiva

Existe uma escrita que não nasce da mente racional. Ela flui de outra fonte, atravessa o tempo, ignora a gramática, escapa do controle. Ela pulsa do além, toca o papel como um vento silencioso e deixa rastros do invisível em linhas que carregam mensagens, alertas, orientações. Essa escrita não pertence ao ego, tampouco ao autor. Ela é psicografia. E quando praticada com consciência, torna-se uma das ferramentas mais refinadas de proteção espiritual.

A psicografia, segundo a tradição espírita e esotérica, é a capacidade de escrever sob a influência direta de entidades espirituais. Não é apenas inspiração — é incorporação da palavra. O médium psicógrafo, ao entregar sua mão, sua mente e sua neutralidade, permite que o espírito se comunique diretamente com o plano físico por meio da linguagem escrita. E quando esse espírito é um guia protetor, um mentor elevado, ou mesmo uma inteligência coletiva ligada à luz, as palavras se transformam em escudos invisíveis.

No espiritismo kardecista, codificado por Allan Kardec no século XIX, a psicografia ocupa lugar central. Foi através dela que obras inteiras foram recebidas, como os livros de Chico Xavier — que atuava não como autor, mas como instrumento. Mas muito além de livros ou mensagens para terceiros, existe uma vertente menos explorada, porém extremamente poderosa: a psicografia defensiva. Aquela que não busca apenas ensinar, mas diagnosticar, revelar ataques sutis e proteger o campo do próprio médium.

A psicografia defensiva atua como espelho. Quando bem praticada, ela revela padrões ocultos de obsessão espiritual, influenciações negativas, pressões extrafísicas, brechas abertas. Não são raras as sessões em que o próprio médium escreve palavras que apontam interferências específicas: nomes de espíritos obsessores, causas emocionais não resolvidas, contratos vibracionais inconscientes, ciclos kármicos que ainda não foram transcendidos. Ao se deparar com tais informações, o praticante não está mais cego — ele vê, e o que é visto começa a se dissolver.

Para que a psicografia tenha esse efeito protetor, no entanto, é preciso preparo. O campo do médium deve estar limpo. O ambiente deve ser neutro, protegido, selado. Antes de iniciar a prática, recomenda-se acender uma vela branca, realizar uma prece sincera, usar defumação leve e invocar os guias espirituais com quem se tem afinidade. A caneta deve ser simples, o papel branco, a postura confortável. O silêncio deve ser cultivado. Não se força a escrita — ela deve escorrer.

A psicografia pode se apresentar de várias formas. Algumas vezes, com caligrafia alterada. Outras, com palavras que o próprio médium desconhece. Pode surgir como frases curtas, como páginas inteiras, como desenhos simbólicos, como simples palavras soltas. O importante não é a estética — é a vibração. E essa vibração pode ser sentida no corpo. Uma psicografia verdadeira deixa o campo mais leve, mais lúcido, mais coeso. Mesmo quando revela verdades difíceis, há uma sensação de liberação.

Ao final de cada sessão, recomenda-se ler o que foi escrito com presença. Ler em voz baixa, como se fosse uma oração. Algumas palavras têm som que ativa códigos no campo sutil. Outras são como decretos. E há textos que devem ser queimados, enterrados ou rasgados após a leitura, conforme a orientação recebida. Porque a psicografia também é ritual. E cada ritual possui um fim sagrado.

Além da proteção individual, a psicografia defensiva pode ser usada para proteger ambientes. Ao psicografar orientações específicas para uma casa, um quarto, um templo espiritual, o médium recebe direções sobre objetos que devem ser removidos, pontos que devem ser selados, cristais que devem ser posicionados, símbolos que devem ser desenhados. Essas mensagens não vêm da mente consciente — vêm da leitura sutil feita pelos guias do campo energético do local.

Em casas espirituais bem estruturadas, a psicografia é usada como ferramenta de triagem. Um médium, com campo treinado, pode receber mensagens antes mesmo de uma sessão mediúnica iniciar, revelando os tipos de entidades que irão se manifestar, as armadilhas vibracionais preparadas para aquele dia, os pontos frágeis do grupo. Com isso, é possível reforçar proteções, reconfigurar o trabalho e impedir acidentes espirituais graves.

Mas há perigos. A psicografia sem orientação pode se tornar porta de entrada para espíritos mistificadores, obsessores sofisticados ou fragmentos mentais do próprio médium. Isso ocorre especialmente quando há ego inflado, desejo de controle, ansiedade por respostas ou curiosidade vazia. Um médium impuro atrai palavras impuras. E o que parece mensagem sagrada pode ser, na verdade, manipulação sutil. Por isso, é essencial que o praticante desenvolva discernimento.

O discernimento nasce da frequência. Guias verdadeiros trazem paz. Palavras densas, raivosas, críticas, que geram medo ou exaltação, devem ser questionadas. A luz nunca agride. O espírito elevado não ameaça, não vangloria, não impõe. Ele orienta, revela, liberta. E se a mensagem psicografada gera peso, inquietação ou dúvida, deve ser posta de lado, aguardando confirmação. Nenhuma palavra, por mais bela que seja, vale mais que a vibração com que foi recebida.

Muitos médiuns iniciam seu processo espiritual despertando justamente pela escrita. Sonhos com mensagens, frases que surgem durante meditação, sensações de que "alguém está ditando". Esses são sinais comuns de que o campo da psicografia está sendo ativado. Ignorar esse chamado pode causar desequilíbrio — pois a energia se acumula. Atendê-lo, com humildade e orientação, pode abrir portas extraordinárias para o serviço espiritual e para a própria proteção.

É importante lembrar que a psicografia não é um dom exclusivo. É uma habilidade treinável. Quanto mais o praticante limpa seu campo, silencia sua mente e cultiva seu vínculo com os guias, mais claro se torna o canal. Não se trata de mediunidade espetacular — mas de sintonia. E sintonia é consequência de afinidade vibracional. Por isso, é comum que a prática leve tempo para se consolidar. Cada escrita é um passo. Cada silêncio é uma preparação.

Em tradições como a teosofia, a psicografia é vista como expressão da alma superior. Madame Blavatsky, Rudolf Steiner e outros mestres escreveram obras inteiras sob a influência de consciências superiores, não como mediunidade inconsciente, mas como estados de superconsciência. Nesses casos, o eu inferior se silencia, e o eu superior dita. A proteção gerada por esse tipo de escrita é profunda — ela reorganiza o campo do próprio planeta. Mas mesmo em práticas simples, domésticas, discretas, a escrita vinda da luz gera escudo.

A psicografia também pode ser usada para selar objetos. Ao escrever um mantra, um nome divino, um código sagrado canalizado em um papel e colocá-lo dentro de um amuleto, de um cristal, de uma garrafa com ervas, cria-se um talismã vibracional. A palavra escrita, nesse caso, atua como ancoragem da intenção. O papel, mesmo frágil, torna-se um repositório de energia programada. E onde essa palavra estiver, a luz pulsa.

Por fim, deve-se compreender que a psicografia defensiva não é apenas escrita — é oração em forma de traço. Cada letra traçada com verdade se torna uma linha de luz. Cada palavra captada com silêncio se torna uma muralha invisível. E cada mensagem recebida com humildade se torna uma lâmina afiada contra o engano. O médium que escreve não apenas canaliza — ele arma seu espírito com consciência.

Em sua forma mais pura, a psicografia defensiva é uma aliança entre mundos. Um pacto silencioso entre o médium e os planos sutis, onde o gesto de escrever se transforma em rito de escuta. A mão que traça as letras é, antes de tudo, um ouvido que aprendeu a calar o ego para ouvir a alma — e além dela, os que velam por sua jornada. Essa prática, quando madura, não serve apenas ao esclarecimento de dilemas pessoais ou à proteção pontual. Ela se torna um caminho de autoconhecimento profundo, em que cada mensagem recebida refina a percepção do invisível e fortalece a integridade espiritual do praticante. Como uma espada feita de palavra, a psicografia protege não apenas por revelar, mas por alinhar o ser com aquilo que é verdadeiro.

Ao se desenvolver nesse caminho, o médium também se vê confrontado com a responsabilidade daquilo que escreve. É tentador ceder ao fascínio das mensagens belas ou impactantes, mas o verdadeiro compromisso está com a coerência vibracional. Psicografar exige vigilância constante — sobre o próprio campo, sobre as intenções, sobre os silêncios internos. E quanto mais esse canal se purifica, mais ele se torna confiável não só para si, mas também para servir a outros. Há casos em que mensagens psicografadas em momentos de profunda conexão atuam como selos espirituais que permanecem ativos por anos, protegendo pessoas, lugares, linhagens inteiras. Porque a palavra, quando nasce da luz, é viva — e continua a vibrar muito além do instante em que foi escrita.

A psicografia defensiva, portanto, é mais do que um dom mediúnico — é uma arte espiritual. Uma prática que une entrega, técnica, discernimento e amor. Ao escrever com verdade, o médium se arma com a própria lucidez, sela seu campo com conhecimento e caminha em aliança com os planos superiores. E nesse gesto simples, de entregar a mão àquilo que não se vê, encontra-se uma das mais antigas e eficazes formas de proteção espiritual: a palavra que vem da luz, escrita no papel e no espírito.

Capítulo 25
Tai Chi e Energia Vital

Há uma força que atravessa tudo. Invisível, sutil, presente no ar que se respira, no fluxo do sangue, no sopro do vento, na dança das estrelas. Ela é chamada de Qi, Chi, Prana, Força Vital. Muitos nomes para uma mesma essência que anima o universo e o ser humano. Quando essa energia flui livremente, há saúde, clareza, proteção. Quando estagna, há doença, confusão, vulnerabilidade espiritual. O Tai Chi Chuan, arte milenar chinesa, nasceu do estudo dessa energia. E quando praticado com consciência, transforma-se em um verdadeiro escudo contra as forças que drenam o espírito.

O Tai Chi não é luta, embora tenha raízes marciais. Tampouco é dança, embora seus movimentos sejam belos e fluidos. Ele é meditação em movimento, alquimia corporal, rito de integração entre céu e terra. Cada gesto, cada passo, cada transição é um símbolo. E esses símbolos não estão voltados ao espetáculo, mas à reorganização interna. O praticante não "faz" Tai Chi — ele se torna a própria energia em circulação, espiralando entre mundos.

Na tradição taoista, o corpo é um templo atravessado por meridianos, canais invisíveis onde o Qi circula. Esses meridianos conectam os órgãos, as emoções, os pensamentos e o espírito. Quando o praticante realiza os movimentos do Tai Chi, ele está desbloqueando esses canais, permitindo que o fluxo da vida volte a correr em sua plenitude. Ao mesmo tempo, está selando as aberturas sutis por onde entravam ataques, vampirismos, formas-pensamento destrutivas.

Cada forma de Tai Chi — Chen, Yang, Wu, Sun — possui sua característica própria. Algumas são mais explosivas, outras mais suaves. Mas todas têm um mesmo propósito: devolver ao corpo seu eixo natural. A prática contínua fortalece o centro — conhecido como dantian — que é o reservatório de energia vital localizado abaixo do umbigo. Quando esse centro está ativo e expandido, o corpo inteiro se ilumina por dentro. O campo vibracional se torna coeso. E o ser passa a vibrar em uma frequência que repele naturalmente tudo o que é dissonante.

A postura é essencial. No Tai Chi, nada é feito por acaso. O alinhamento da coluna com a terra e o céu não é apenas questão de estética — é questão de canalização. A energia da terra sobe pelos pés. A energia celeste desce pelo topo da cabeça. O praticante, ao manter sua postura com dignidade e relaxamento, torna-se ponte. E essa ponte é protegida por natureza. Porque onde o Qi flui com abundância, a sombra não encontra onde se fixar.

Os movimentos circulares, espiralados, contínuos e suaves do Tai Chi têm efeito direto sobre o campo áurico. Eles reorganizam as camadas da aura, selam brechas, desfazem nós. É como se o corpo redesenhasse seu campo com tinta invisível. Muitos praticantes relatam sensações de formigamento, calor, vento interno, leveza após a prática. Essas sensações são indicações de que o fluxo foi restabelecido. A energia vital, antes presa, agora dança.

    A respiração é outro pilar do Tai Chi. Não se trata de respirar mecanicamente, mas de cultivar o sopro com presença. Inspirar pela raiz, conduzir o ar até o centro, exalar com consciência. A respiração no Tai Chi não alimenta apenas os pulmões — ela nutre o espírito. Com o tempo, a mente se aquieta, o sistema nervoso se equilibra, e o praticante passa a reconhecer os primeiros sinais de ataque espiritual com mais facilidade. O corpo avisa. A respiração altera. E o Tai Chi oferece o remédio na forma do movimento.

    Em tempos antigos, monges taoistas utilizavam o Tai Chi não apenas como prática de longevidade, mas como defesa espiritual. Eles sabiam que, ao mover o corpo em sintonia com os elementos — água, fogo, terra, metal, madeira — estavam invocando a harmonia dos ciclos. E onde há harmonia, não há espaço para o desequilíbrio. Durante cerimônias de proteção, os mestres utilizavam movimentos específicos para selar templos, purificar ambientes e reorganizar os campos de batalha invisíveis.

    O Tai Chi atua também no plano emocional. A raiva, o medo, a culpa e a tristeza são formas condensadas de energia. Quando não fluem, tornam-se portais. Portais para obsessores, parasitas astrais, influências densas. A prática contínua dissolve essas emoções no movimento. O praticante não reprime — ele move. E ao mover, libera. E ao liberar, se protege. A emoção que não estagna não se transforma em brecha.

Muitos confundem proteção espiritual com resistência. Mas o Tai Chi ensina que o mais forte não é o que resiste, mas o que flui. A água não quebra — ela contorna. O vento não luta — ele atravessa. O corpo treinado no Tai Chi aprende a absorver o impacto e devolvê-lo transformado. Essa sabedoria se estende para o plano sutil. Um ataque espiritual não precisa ser combatido com violência energética. Pode ser acolhido, dissolvido e devolvido como luz.

Comparado ao yoga, o Tai Chi é mais fluido, menos estático. Enquanto o yoga trabalha com posturas e sustentação, o Tai Chi trabalha com transição e continuidade. Ambos se complementam. A prática do Tai Chi prepara o campo para a meditação profunda. Estabiliza os chacras, purifica os canais, ancora a presença. E uma mente ancorada é o maior escudo.

Comparado ao reiki, o Tai Chi é mais corporal. O reiki canaliza energia com as mãos. O Tai Chi gera energia com o corpo inteiro. Mas ambos lidam com a mesma essência: o Qi. Integrar os dois é potente. Um praticante de reiki que também pratica Tai Chi amplia sua capacidade de canalização. Um meditador que incorpora o Tai Chi fortalece sua aura. Um magista que aprende os princípios do Tai Chi descobre como movimentar as forças do círculo mágico com o corpo inteiro.

No Tai Chi, o movimento externo é sempre reflexo do interno. O gesto visível é expressão do invisível. Quando o braço se levanta, é a intenção que o ergue. Quando a perna se desloca, é o espírito que a conduz. Cada sequência — chamada de forma — é como um poema em ação. E cada poema é um mantra corporal. Recitado com os músculos, com a respiração, com a alma.

Para quem deseja usar o Tai Chi como prática de proteção espiritual, o ideal é estabelecer um ritual diário. Ao amanhecer, antes do mundo começar a gritar, o corpo se coloca de pé, respira, movimenta-se com intenção. A mente se acalma. O campo se organiza. O dia, então, começa com o escudo ativado. Mesmo que o caos do mundo tente penetrar, ele encontra um campo coeso. Porque o Qi já foi ancorado.

E se o ataque for intenso? Se a negatividade for densa? Movimentos como o "Repelir o Macaco", o "Apertar o Pássaro na Cauda", o "Puxar a Seda" são utilizados para dissipar a densidade. São gestos de desvio, de transmutação, de retorno ao centro. Não se enfrenta o mal com força. Enfrenta-se com eixo. O Tai Chi ensina a ser como o bambu: flexível, mas inquebrável.

Essa sabedoria silenciosa do Tai Chi — que ensina a dançar com a energia em vez de resistir a ela — desperta uma percepção mais fina sobre o que é, de fato, estar protegido. Não se trata de criar barreiras rígidas ou viver em alerta constante, mas de cultivar um campo energético tão íntegro e harmonizado que se torna naturalmente inacessível às frequências dissonantes. O praticante não precisa reagir ao ataque, porque já está fora de seu alcance. Esse estado é fruto de disciplina suave, de presença constante, de um corpo que se move como canal e um espírito que se ancora no fluxo. E essa estabilidade, mais do que qualquer amuleto ou palavra de poder, é o verdadeiro escudo.

Além disso, o Tai Chi reintegra o ser à inteligência do universo. Ao repetir os gestos antigos que evocam os cinco elementos, o praticante reativa arquétipos de equilíbrio que estão inscritos não apenas no corpo físico, mas no campo coletivo da humanidade. A prática, então, torna-se mais do que pessoal — ela se alinha a um fluxo ancestral que sustenta a harmonia da vida. Ao mover os braços como o voo de uma garça ou ao girar o tronco como o movimento da água, o corpo reaprende a linguagem original da natureza. E onde essa linguagem é falada, não há espaço para o desequilíbrio. O campo se torna paisagem sagrada, viva, autoajustável.

Assim, compreender o Tai Chi como instrumento de proteção espiritual é reconhecer que a verdadeira força não está na rigidez, mas na fluidez consciente. Não é o gesto de ataque que protege, mas o gesto que retorna ao centro. E nesse centro, onde o céu encontra a terra e o corpo se alinha com a alma, nenhuma sombra permanece por muito tempo. O praticante de Tai Chi não busca se defender — ele aprende a vibrar de forma tão íntegra que a própria presença já é proteção.

Capítulo 26
Sacrifícios Simbólicos

Desde os tempos em que o ser humano ainda caminhava com os pés descalços sobre a terra sagrada e olhava para os céus em busca de respostas, o sacrifício se apresentou como ponte entre mundos. Não como dor gratuita, mas como linguagem vibracional que comunica ao invisível uma decisão, uma entrega, uma renúncia. O sacrifício, em sua essência mais profunda, não é destruição — é transmutação. E quando compreendido como símbolo, torna-se uma das formas mais refinadas de proteção espiritual.

O ato de oferecer algo que se possui em nome de uma intenção maior atravessa culturas, continentes e religiões. No judaísmo antigo, cordeiros e pombas eram sacrificados como forma de redenção. No hinduísmo védico, oferendas de leite, frutas e ghee eram lançadas ao fogo sagrado em honra aos devas. No candomblé, alimentos são preparados com precisão ritualística e oferecidos aos orixás, numa dança sagrada entre o visível e o invisível. Mas em todas essas práticas, o que importa não é o objeto — é a vibração com que ele é oferecido.

No candomblé e na umbanda, o sacrifício simbólico assume formas rituais profundas. Quando se entrega comida aos pés de uma árvore, quando se acende uma vela em um cruzeiro, quando se derrama mel sobre uma pedra, não se está apenas realizando um gesto externo. Está-se assinando um pacto vibracional com uma força espiritual. O alimento, o perfume, o fumo, o azeite, tornam-se mensageiros entre planos. E essas oferendas, feitas com ética e consciência, funcionam como pagamento energético por proteção, cura, direcionamento.

No judaísmo, o ritual de Kaparot é um exemplo vivo da transmutação simbólica. Durante o período de Yom Kippur, a energia de possíveis más ações é simbolicamente transferida para um frango branco, que é então doado a famílias pobres após o rito. Em comunidades mais modernas, o frango é substituído por dinheiro ou pão. A essência do ritual permanece: dar algo de si como forma de limpar o campo, aliviar a alma e realinhar-se com o divino. O que é entregue torna-se escudo.

No cristianismo, o maior símbolo de sacrifício é o próprio Cristo. Seu corpo entregue, seu sangue derramado, tornam-se arquétipos eternos de uma entrega que ultrapassa a carne. No rito da eucaristia, o pão e o vinho representam esse sacrifício perpetuado em cada missa. Mas mais que símbolos religiosos, são portais de ativação espiritual. Aquele que participa desse rito com consciência, oferecendo a si mesmo como instrumento de paz, acessa um campo de proteção que transcende os séculos.

Nos dias atuais, o sacrifício simbólico assume formas mais sutis. Jejuns, votos de silêncio, abstinência de prazeres, renúncia a padrões nocivos — todos esses são sacrifícios modernos. Não sangram o corpo, mas disciplinam a alma. Um voto de silêncio durante um ciclo lunar, por exemplo, pode tornar-se uma blindagem contra ataques espirituais. Um jejum de palavras negativas durante sete dias limpa o campo vibracional com a força de um exorcismo sutil. Uma renúncia consciente a um vício, a uma relação tóxica, a um comportamento destrutivo, ativa mudanças no campo que reverberam por toda a rede espiritual conectada ao indivíduo.

No islamismo, o sacrifício de um cordeiro durante o Eid al-Adha não é ato de crueldade, mas de lembrança. Lembra-se a história de Abraão, que esteve disposto a entregar o que tinha de mais precioso. A carne é dividida entre família, vizinhos e necessitados. A entrega não é feita ao divino por vaidade, mas como reconhecimento de uma força maior. Hoje, muitos muçulmanos substituem o animal por doações, ações sociais ou ofertas simbólicas. A essência permanece: dar para se proteger. Soltar para receber.

No xamanismo, o sacrifício não se faz com sangue, mas com presença. A oferenda de folhas, tabaco, cristais, pedaços de pão ou até fios de cabelo aos elementos da natureza não é casualidade. Cada elemento carrega uma parte do praticante. E ao ser entregue à terra, ao fogo, ao rio ou ao vento, comunica ao espírito do local que há respeito, intenção, verdade. Em troca, o território se abre, o portal se alinha, e a proteção é estabelecida.

Mas há perigos. O sacrifício, quando feito sem clareza, sem ética, ou com intenção distorcida, transforma-se em pacto de desequilíbrio. O universo responde ao gesto com a mesma vibração com que foi feito. Um sacrifício por vingança atrai guerra. Um sacrifício por vaidade atrai ilusão. Um sacrifício sem coração é apenas teatro. Por isso, todo gesto simbólico deve ser precedido de introspecção, de honestidade, de discernimento.

No campo da magia, o sacrifício simbólico é parte do chamado "princípio da troca". Oferece-se algo em nome de algo maior. Mas essa troca não deve ser vista como comércio. É aliança. É dizer ao invisível: "Estou disposto a transformar-me." Muitos magistas entregam suas horas, seu sono, seus rituais, suas disciplinas como oferenda. E o campo responde. Porque o sacrifício mais poderoso não é o que se faz com as mãos, mas o que se faz com o tempo.

A disciplina, por exemplo, é um tipo de sacrifício contínuo. Levantar-se sempre no mesmo horário para orar. Praticar meditação mesmo quando a mente grita. Manter o altar limpo. Cumprir um ciclo de prática com rigor. Essas pequenas renúncias diárias, quando feitas com consciência, tornam-se armaduras invisíveis. Cada dia cumprido fortalece o campo. Cada gesto mantido gera uma onda. E essa onda, ao longo do tempo, se transforma em proteção duradoura.

Na prática cabalística, os sacrifícios são sutis, mas profundos. Estudar os nomes divinos diariamente, escrever salmos, fazer orações específicas em dias sagrados — tudo isso exige tempo, foco, entrega. A alma que cumpre essas práticas está renunciando ao ego, ao tempo mundano, ao ruído. E cada segundo entregue ao divino, sem esperar retorno imediato, é semente de proteção. A cabala ensina que tudo o que é feito em nome da luz, com verdade, retorna multiplicado. Inclusive o escudo.

Para que o sacrifício simbólico se torne proteção real, três elementos devem estar presentes: intenção, entrega e silêncio. A intenção alinha o gesto com o espírito. A entrega transforma o ato em verdade. E o silêncio impede que o ego roube o mérito da ação. A oferenda falada, vangloriada, espalhada, perde parte de sua força. Porque a verdadeira proteção se ergue no invisível. E o invisível responde melhor ao silêncio.

Quando o gesto sacrificial se reveste de intenção pura e silente, ele deixa de ser um mero ato cerimonial e passa a operar como tecnologia espiritual. Nesse espaço, onde a materialidade cede à linguagem do símbolo, cada oferenda age como uma chave que destranca realidades sutis. É o espaço onde o invisível é convocado não pela força do espetáculo, mas pela vibração legítima de quem oferece. E quanto mais discreta for essa entrega, mais profundamente ela atua, pois, em muitas tradições, o que é oculto preserva sua potência. Essa é a ética invisível do sagrado: aquilo que é feito com verdade, mesmo que ninguém veja, é registrado nas tramas do espírito.

Há ainda uma beleza crua em compreender que o sacrifício simbólico não serve apenas para nos proteger do mundo externo, mas sobretudo para nos proteger de nós mesmos. Das partes que sabotam, que repetem padrões nocivos, que se apegam a ilusões. Renunciar a essas partes, dia após dia, é um ato de coragem espiritual. Em vez de esperar um milagre externo, o praticante se transforma em altar vivo, em oferenda consciente, em mensageiro entre planos. E esse processo exige mais do que fé: exige constância, presença, e uma entrega que não se justifica, apenas se realiza. Assim, o sacrifício simbólico cumpre seu papel mais nobre — não o de agradar divindades, mas o de lembrar à alma quem ela é e para onde está voltando.

Quando realizado com verdade, o sacrifício simbólico não necessita de plateia, nem de compreensão alheia. Ele basta em si, porque toca uma frequência onde o tempo não importa e o espaço se dobra. É nesse silêncio ritualístico que a proteção se ergue como uma muralha invisível, alinhando os mundos e firmando a alma em sua caminhada. Ao transformar gestos cotidianos em oferendas, o praticante não só se defende — ele se consagra.

Capítulo 27
Ciberproteção Espiritual

Nos dias atuais, o mundo espiritual já não habita apenas florestas ancestrais, terreiros consagrados ou templos silenciosos. Ele também atravessa cabos invisíveis, pulsa em ondas de dados, respira através de telas. O digital não é apenas tecnologia — é ambiente. E como todo ambiente, carrega campo, frequências, intenções, presenças. Há espíritos que se manifestam em palavras digitadas, obsessores que vibram em memes, formas-pensamento que se fixam em redes sociais. Proteger-se no plano espiritual, neste novo tempo, exige adaptar velhas práticas à nova morada da alma: o ciberespaço.

A ciberproteção espiritual é a arte de preservar a integridade energética diante da exposição digital. Trata-se de reconhecer que, ao acessar um ambiente virtual, o campo vibracional também se expande e interage. Não há separação entre mente e rede. Cada postagem, cada mensagem, cada comentário é um fio que conecta — e por onde passa energia. Assim como se limpa uma casa, sela-se um altar ou purifica-se um corpo, também é preciso cuidar da vibração de celulares, computadores, contas virtuais e interações online.

A primeira prática da ciberproteção é o reconhecimento do campo digital como extensão do corpo espiritual. O perfil nas redes não é apenas imagem — é avatar energético. Quando alguém envia uma mensagem com raiva, inveja ou malícia, essa energia vibra no campo de quem recebe. Mesmo que o conteúdo seja deletado, a frequência permanece se não for purificada. Da mesma forma, uma postagem feita em momento de dor ou confusão pode tornar-se ponto de atração para obsessores invisíveis que habitam os campos emocionais coletivos da internet.

A exposição excessiva da vida íntima, por exemplo, cria brechas. Ao compartilhar imagens de alta carga emocional — nascimento, conquistas, relações — sem ancoragem, abre-se o campo à vampirização sutil. Muitas vezes, a queda de energia, os conflitos súbitos ou as doenças repentinas após uma "boa notícia" publicada têm origem espiritual. São formas de interferência invisível que utilizam o canal digital como vetor.

Por isso, uma das práticas mais simples e eficazes é a programação vibracional dos dispositivos eletrônicos. Antes de ligar o celular, o praticante pode impor as mãos sobre ele por alguns segundos, mentalizando uma esfera de luz azul ou dourada envolvendo o aparelho. Essa visualização, repetida diariamente, cria uma espécie de camada vibracional que filtra as energias que chegam. No computador, pode-se aplicar a mesma técnica, associando o gesto à invocação de proteção do campo mental: "Que tudo o que vier por esta tela seja filtrado pela luz da consciência."

Outro recurso poderoso é o uso de sigilos de proteção adaptados ao ambiente virtual. O praticante pode desenhar um símbolo pessoal — formado por letras, números ou formas geométricas — que represente segurança, lucidez, blindagem. Este símbolo pode ser digitalizado e usado como papel de parede, colocado como imagem de perfil ou impresso e colado na parte traseira dos aparelhos. Esses sigilos funcionam como âncoras conscientes, programadas para manter o campo limpo.

As senhas também podem carregar função espiritual. Ao criar uma senha para e-mail, rede social ou qualquer sistema, o praticante pode incluir códigos numerológicos ou palavras sagradas embutidas. Sequências como 777, nomes de guias, palavras de poder como "Shalom", "Om", "Lux", quando inseridas com intenção, tornam-se selos invisíveis que vibram toda vez que são digitadas. Cada acesso torna-se um micro ritual de ativação do campo.

A limpeza energética dos dispositivos deve ser periódica. Não basta apagar mensagens ou desinstalar aplicativos. É preciso purificar. Um método simples é passar fumaça de sálvia, alecrim ou incenso de mirra ao redor dos aparelhos, como se fosse uma defumação digital. Durante o processo, repete-se mentalmente uma invocação de limpeza, como: "Que toda energia densa seja transmutada em luz. Que este canal digital seja consagrado à verdade, ao bem e à proteção." Também é eficaz utilizar sons — taças tibetanas, mantras ou músicas em frequência de 528 Hz tocadas perto do aparelho ajudam a reorganizar seu campo vibracional.

Outra camada da ciberproteção está no cuidado com o conteúdo consumido. Vídeos agressivos, notícias sensacionalistas, discussões polarizadas, imagens violentas — tudo isso são alimentos espirituais. E como todo alimento, geram resíduos. O algoritmo das redes sociais não entende luz nem sombra — entende repetição. Quanto mais se acessa conteúdos densos, mais eles são oferecidos. E assim o campo é afogado em padrões de medo, raiva, julgamento. A proteção espiritual, nesse contexto, exige jejum. Desintoxicação digital. Pausas sagradas. Momentos de silêncio eletrônico.

Há quem pratique o sabbat digital, inspirado nos dias de recolhimento das tradições judaicas. Um dia por semana sem telas. Sem conexão. Apenas presença. Durante esse dia, o campo é reorganizado, a mente descansa, o espírito respira. Outros preferem as "horas mortas" — períodos programados do dia em que todos os aparelhos são desligados, a luz é suavizada, e a conexão volta-se para dentro. Essas práticas, ainda que simples, tornam-se escudos vivos em meio ao bombardeio sutil do mundo digital.

A ciberproteção também envolve vigilância sobre conversas e grupos virtuais. Trocas constantes de mensagens com pessoas em desequilíbrio, grupos cheios de fofocas, piadas de baixo teor vibracional ou discussões tóxicas geram fios energéticos entre os participantes. Mesmo quando o celular está longe, essas conexões permanecem ativas no campo astral. O praticante sensível percebe: sono agitado, pensamentos intrusivos, queda de foco. Nesses casos, cortar esses fios é essencial. Isso pode ser feito com um pequeno ritual: escrever os nomes dos grupos ou pessoas em um papel, queimar com sálvia ou louro, e declarar: "Corto agora todos os laços invisíveis que drenam minha energia. Eu me liberto e liberto."

A ciberproteção espiritual é, portanto, vigilância vibracional. É o reconhecimento de que a guerra espiritual não acontece apenas em cemitérios, centros de força ou planos astrais — ela está presente também nos comentários de um post, nas mensagens silenciosas que carregam peso, nos vídeos que simulam alegria mas carregam desespero. E o praticante, ao despertar para isso, aprende a navegar com escudo.

Também é possível utilizar orações digitais. Algumas pessoas criam pastas específicas em seus dispositivos com áudios sagrados, imagens de proteção, textos canalizados. Outras programam seus celulares para tocar mantras nos horários da aurora e do entardecer, momentos tradicionalmente ligados à mudança de portais espirituais. Há quem deixe aberto um documento com salmos ou orações e o utilize como primeira leitura ao abrir o computador. Cada gesto, por mais pequeno que pareça, emite um decreto: "Este canal pertence à luz."

No caso dos praticantes de mediunidade ou sensibilidade ampliada, é ainda mais urgente o cuidado com vídeos de rituais, incorporação, práticas mágicas gravadas. Ao assistir, mesmo sem intenção, abre-se um canal. E muitas vezes, o campo da gravação ainda carrega fragmentos do ritual original. A absorção é real. Por isso, essas visualizações devem ser feitas apenas em horários específicos, com proteção ativa, e preferencialmente com a intenção clara de aprendizado — nunca por curiosidade.

Ao compreender o mundo digital como território espiritual, o praticante deixa de ser apenas um usuário e se torna um guardião. Ele passa a cultivar sua presença online como um altar. E assim como ninguém permitiria que um templo sagrado fosse profanado, ele também não permite que seu perfil, seu dispositivo, suas palavras digitadas se tornem brechas. Tudo é consagrado. Tudo é cuidado.

Porque no fim, o mal não precisa de corpo físico para entrar. Ele entra pelo descuido. Pela exposição inconsciente. Pela repetição sem vigília. E a luz, quando desperta no digital, é tão poderosa quanto nos rituais ancestrais. Ela se espalha por cabos, por sinais, por frequências. E onde ela vibra, não há vírus que permaneça. Nem digital, nem astral.

Esse novo paradigma exige, portanto, uma espiritualidade ativa e adaptativa, onde a consciência se torna o principal antivírus. Aquele que transita no ciberespaço com lucidez entende que cada clique pode ser um pacto, cada curtida, uma invocação, e cada compartilhamento, um espelhamento. Nada é neutro quando se trata de energia. E por isso, mais do que criar barreiras de proteção, trata-se de cultivar presença contínua. Como um monge digital, o praticante se observa em cada gesto online, compreendendo que espiritualidade não é onde se está, mas como se vibra — mesmo diante de uma tela.

Essa vigilância, no entanto, não se traduz em paranoia, mas em reverência. O ciberespaço, quando consagrado, pode tornar-se ferramenta de cura, ponte para encontros elevados, espaço de oração coletiva. Grupos de meditação online, transmissões de rituais sagrados, partilhas conscientes — tudo isso são sinais de que a luz também encontrou lugar na rede. A proteção espiritual, então, se amplia para além da defesa: ela se torna arquitetura. Uma forma de construir moradas sutis em plena rede de dados, onde a alma se sinta segura para se expressar, aprender, servir e crescer. Cada gesto consciente vira tijolo nesse templo invisível que se ergue em pleno Wi-Fi.

No fim, a ciberproteção espiritual não é um apêndice da prática espiritual — é sua continuação inevitável. Porque, enquanto houver conexão, haverá fluxo. E enquanto houver fluxo, haverá troca. O desafio do novo tempo não é negar a tecnologia, mas consagrá-la. Não é temer os perigos do digital, mas torná-lo espelho da luz interna. Quando o espírito se manifesta também nos códigos, o invisível se faz presente nos cabos. E nesse novo altar virtual, a presença consciente se torna o maior firewall que existe.

Capítulo 28
Ecologia e Defesa Planetária

Há uma verdade que muitos se recusam a olhar: a Terra também é um corpo espiritual. Ela respira, pulsa, sente. Sob os oceanos e as montanhas, entre as florestas e os ventos, há um coração invisível batendo em silêncio. Chamam-no de Gaia, Pachamama, Grande Mãe, Corpo Vivo da Criação. E quando ela adoece, todos os que nela habitam adoecem juntos. Proteger-se espiritualmente, no mundo atual, é também proteger o planeta. Não por ideologia, mas por conexão. Porque a alma da Terra é a mãe da nossa.

A ecologia, quando compreendida sob o prisma espiritual, revela-se como prática sagrada. Mais que ciência ambiental, ela é liturgia da vida. Cada gesto de cuidado — ao plantar uma árvore, ao limpar um rio, ao reciclar resíduos, ao consumir com consciência — torna-se um ato de defesa espiritual coletiva. Porque não existe separação entre o campo vibracional humano e o campo da Terra. Toda destruição ambiental gera uma fissura energética. E por essas fissuras, entram entidades densas, forças desequilibradas, sombras que se alimentam do caos gerado pela desconexão.

As antigas tradições sabiam disso. Povos indígenas, xamãs, druidas, sacerdotes antigos — todos mantinham rituais de conexão com a Terra não apenas como forma de agradecimento, mas como forma de equilíbrio espiritual. Em cada equinócio, em cada solstício, em cada lua cheia, cerimônias eram feitas não para pedir, mas para dar. Oferendas simbólicas, cânticos, danças circulares, defumações, jejuns, vigílias noturnas. A Terra era reverenciada como um espírito. E essa reverência tornava-se proteção.

Na tradição xamânica, a Terra é o primeiro altar. Antes de se conectar com qualquer força superior, o praticante deve estar enraizado. O "grounding", ou enraizamento, é mais que uma metáfora — é uma técnica. Sentar-se diretamente sobre o solo, descalço, com a coluna ereta, e respirar profundamente, visualizando raízes saindo dos pés em direção ao centro da Terra, cria um campo de estabilidade que bloqueia obsessões e desequilíbrios psíquicos. Porque onde há conexão com Gaia, há escudo.

Nas culturas andinas, a Pachamama é honrada com oferendas chamadas "mesas". Pequenos arranjos contendo folhas de coca, flores, grãos, doces, tecidos, todos arranjados com precisão simbólica. Essas mesas são enterradas ou queimadas em cerimônias específicas. O gesto não é folclórico — é mágico. Ele reequilibra o campo energético do praticante com o campo do planeta. E ao fazer isso, sela-se uma proteção invisível que atua nos planos mais sutis.

Na visão da Nova Era, Gaia é uma consciência cósmica que escolheu habitar a matéria. Ela é considerada uma entidade planetária em evolução, conectada a uma rede interdimensional de planetas vivos. Segundo essa perspectiva, cada ação ecológica não afeta apenas o planeta físico, mas reverbera em outras dimensões. Despoluir um rio, por exemplo, limpa um canal energético que pode atravessar planos. Reflorestar uma área danificada é como cicatrizar uma ferida no corpo sutil da Terra. E esse processo, quando feito com consciência espiritual, gera proteção não só para quem pratica, mas para toda a malha coletiva da humanidade.

A apometria, prática espiritual brasileira que une mediunidade com ciência vibracional, reconhece a Terra como um campo energético multidimensional. Em muitos trabalhos, os praticantes atuam em camadas astrais do planeta, reprogramando memórias de guerra, violência, destruição ambiental. Nessas atuações, a Terra é tratada como paciente espiritual. A limpeza dos campos planetários impede que consciências densas se agrupem e fortaleçam egrégoras nocivas. Ao participar de tais trabalhos, o praticante fortalece seu próprio campo, pois torna-se parte da cura coletiva.

Os rituais de defesa planetária podem ser feitos individualmente. Caminhar por uma trilha recolhendo lixo e, a cada objeto removido, repetir mentalmente: "Eu limpo, eu curo, eu selo." Acender uma vela verde sobre um mapa da Terra, entoando mantras ou orações de cura planetária. Meditar visualizando a Terra envolta por uma rede de luz dourada, com pontos de cura se acendendo onde há dor. Cada gesto, por menor que pareça, atua no campo. Porque o campo responde à intenção.

Existem também as redes de oração global, formadas por grupos de pessoas que, em horários específicos, meditam e oram pelo planeta. Esses grupos criam o que se chama de "campo coerente" — uma frequência vibracional unificada que reverbera além do tempo e do espaço. Estudos científicos, como os promovidos pelo HeartMath Institute, já comprovaram que grupos em coerência cardíaca conseguem afetar padrões de caos ao seu redor. Aplicada ao campo espiritual, essa prática torna-se escudo. Onde há rede de luz, a sombra não se instala.

A ecologia espiritual também convida a práticas de consumo consciente. Evitar produtos que geram sofrimento, reduzir o uso de plásticos, preferir alimentos locais e sazonais, tudo isso forma um padrão vibracional que sustenta a harmonia entre corpo e planeta. O praticante que se alimenta com respeito à Terra gera um campo mais limpo. E esse campo não atrai obsessores. Porque a vibração da ética afasta o que é desarmônico.

Em tempos de colapso ambiental, cada gesto ecológico é também um ato mágico. A compostagem se torna oferenda. O plantio se torna oração. O cuidado com os animais se transforma em invocação de equilíbrio. A limpeza de um rio se torna exorcismo. O ativismo ecológico, quando guiado pelo espírito, deixa de ser apenas político — torna-se litúrgico.

Mas há um detalhe: a defesa planetária não é feita de fanatismo. Não exige perfeição. Não se trata de culpa. Trata-se de alinhamento. De reconhecer que, ao cuidar da Terra, cuida-se da própria alma. De lembrar que o corpo humano é feito do mesmo barro, da mesma água, do mesmo sopro. Que ao respirar, compartilha-se o ar com árvores. Que ao dormir, repousa-se sobre o ventre da Mãe.

A Terra responde. Há quem a ouça. Em sonhos, ela fala. Em ventos, ela sussurra. Em terremotos, ela grita. Mas acima de tudo, ela acolhe. Mesmo ferida, mesmo explorada, mesmo ignorada, ela continua oferecendo alimento, abrigo, beleza. Proteger-se espiritualmente, neste tempo, é retribuir. É devolver à Terra a consciência que ela nos oferece.

Ao final, compreender a ecologia como forma de proteção espiritual é reconhecer que não há salvação individual. Toda cura é coletiva. E o campo pessoal só estará blindado quando a vibração do planeta se elevar. Isso começa em cada gesto. Em cada escolha. Em cada silêncio diante de um pôr do sol. Em cada passo descalço sobre a terra molhada.

Esse entendimento transforma o praticante em guardião — não apenas de si, mas de um ecossistema sagrado onde tudo vibra em rede. A espiritualidade que reconhece a Terra como ser vivo transcende a ideia de práticas isoladas e se torna forma de vida. A escuta da natureza deixa de ser metáfora e passa a ser prática diária: sentir o solo, dialogar com as plantas, interpretar os sinais do vento, dos ciclos, dos bichos. Nesse estado de presença, a proteção espiritual se confunde com reverência. E essa reverência molda escolhas: como se come, como se descarta, como se ocupa o espaço, como se agradece ao receber. Nada é neutro. Cada interação com o mundo natural é uma troca energética — e toda troca consciente se torna escudo.

Assim, proteger a Terra torna-se um gesto de autodefesa ampliada. Porque quando um solo é curado, a frequência do entorno muda. Quando um animal é salvo, o campo emocional coletivo se eleva. Quando se planta com amor, a rede vibracional das sementes se expande. E essas pequenas ações ativam um circuito silencioso que protege, consola e fortalece. Em um tempo de exaustão psíquica e instabilidade energética global, estar em conexão com a Terra é um dos poucos remédios verdadeiros. A sensibilidade espiritual não é mais luxo — é necessidade. E o planeta, com sua paciência milenar, ainda se oferece como templo aberto a quem se dispõe a sentir.

No fim, a defesa planetária é uma prática de lembrança. Lembrar que somos natureza. Que não se vive sobre a Terra, mas com ela. Que cada ser — pedra, nuvem, árvore, serpente — participa de um coro invisível que entoa o canto da criação. E que proteger esse canto é proteger o próprio nome sagrado que nos habita. Porque a espiritualidade enraizada na ecologia é aquela que devolve ao praticante sua função original: ser ponte entre Céu e Terra. E nenhuma ponte se sustenta se não souber cuidar das margens que a sustentam.

Capítulo 29
Juramentos e Pactos

Há palavras que selam destinos. Há votos que atravessam o tempo. Compromissos que não se desfazem com o esquecimento, nem se rompem com a morte. Eles vibram, persistem, marcam o campo espiritual como inscrições invisíveis na carne da alma. São os juramentos e os pactos — alianças sagradas, silenciosas, por vezes esquecidas, mas jamais anuladas sem o devido rito. E quando compreendidos em sua profundidade, tornam-se instrumentos poderosos de proteção espiritual, desde que firmados com lucidez, ética e verdade.

Um juramento é mais que uma promessa. É um decreto vibracional. Ao ser pronunciado com intenção e emoção, ele molda o campo sutil do indivíduo, vincula sua energia a determinada força, e estabelece uma via de fluxo entre o ser e aquilo que é jurado. Um voto de silêncio, por exemplo, não é apenas ausência de palavras — é ativação de um canal interno de escuta, um campo que repele o ruído e protege contra a influência externa. Um voto de castidade, quando verdadeiro, não é repressão — é contenção da energia criativa, que se transforma em luz protetora.

Nas tradições budistas, especialmente nas escolas Mahayana e Vajrayana, os votos são parte essencial da jornada espiritual. O praticante inicia com os preceitos do laico, como não matar, não roubar, não mentir, e ao aprofundar-se, adentra os votos do bodhisattva — comprometendo-se a libertar todos os seres do sofrimento. Tais votos não são simbólicos. Eles moldam o destino, criam escudos. O bodhisattva não é atacado porque sua intenção o protege. A luz da sua promessa, selada com o coração, o envolve como uma couraça invisível.

Na cabala mística, pactos são firmados com os Nomes Divinos. O estudante, ao se comprometer com a recitação diária de determinados nomes hebraicos — como YHVH, El Shaddai, Adonai — está criando um canal direto com as forças arquetípicas da criação. Essas forças, quando evocadas com pureza, criam selos vibracionais que repelem entidades densas, dissolvem maldições e fortalecem o campo de quem as invoca. Mas o nome não é recitado por vaidade. É preciso preparo, reverência, entrega. Porque onde há pacto com o divino, o campo exige alinhamento contínuo.

Entre povos indígenas e xamânicos, os pactos são muitas vezes silenciosos, transmitidos por rito, não por fala. O aprendiz que recebe um sopro de tabaco de seu mestre, o que vigia a floresta durante a noite sem temer os espíritos, o que dança ao redor do fogo em jejum profundo, está firmando compromissos com os elementais, com os ancestrais, com as forças invisíveis da natureza. Esses pactos não precisam de contrato. A alma reconhece o que foi selado.

Mas há também os juramentos feitos em vidas passadas, que continuam operando mesmo quando o consciente os ignora. O voto de pobreza feito por um monge em outra existência pode se manifestar hoje como bloqueio financeiro. O voto de celibato feito por uma sacerdotisa pode impedir relacionamentos profundos na vida atual. O juramento de proteger alguém com a própria vida pode atrair situações de sacrifício constante. Esses pactos antigos, quando não revogados ou atualizados, atuam como códigos no campo áurico, criando padrões repetitivos.

 A revogação consciente de votos e pactos ultrapassados é uma prática espiritual importante. Pode ser feita por meio de rituais simples, mas intensos. Um deles consiste em escrever o que se intui ter sido jurado — mesmo sem certeza — em um papel. Ao lado, escreve-se a nova escolha. Exemplo: "Revogo agora, em nome da luz que me habita, qualquer voto de silêncio, sofrimento ou servidão feito em vidas passadas. Assumo agora meu direito à liberdade, à expressão e à alegria." O papel, então, é queimado com ervas de purificação — como sálvia, arruda ou louro. As cinzas devem ser sopradas ao vento ou entregues à terra.

 Os pactos com entidades também exigem atenção. Em algumas tradições afro-brasileiras, como a umbanda e a quimbanda, pactos são firmados com Exu, Pomba Gira e outros guardiões do caminho. Esses pactos não são demoníacos — são contratos éticos entre o humano e o espiritual. O médium oferece algo — sua dedicação, seu silêncio, sua prática — e em troca, recebe proteção, abertura de caminhos, orientação. Mas há regras. Um pacto desrespeitado pode se tornar um ponto de vulnerabilidade. Não por punição, mas por desvio vibracional.

No universo da magia cerimonial, pactos são registrados com precisão. Evocações de inteligências planetárias, invocações de arcanjos, selos traçados com intenção, nomes gravados em velas, cristais ou papéis consagrados — tudo isso constitui contrato vibracional. Aquele que pactua com uma força precisa conhecê-la. Porque onde há pacto inconsciente, há risco. A proteção espiritual verdadeira nasce do conhecimento. Selar o campo com símbolos desconhecidos pode ser como assinar um contrato sem ler as cláusulas.

Há também os pactos de alma entre pessoas. Relacionamentos que se repetem ao longo de vidas. Promessas feitas no leito de morte. Alianças seladas em tempos de guerra. Esses pactos muitas vezes aparecem na forma de conexões inexplicáveis, amores que desafiam a lógica, vínculos inquebrantáveis. Alguns protegem, outros aprisionam. E quando um pacto de alma já cumpriu sua função, é preciso liberá-lo com amor. Um ritual simples de corte energético pode ser feito com duas velas — uma para cada alma — ligadas por um fio. Após oração e intenção clara de liberação, o fio é cortado. A chama se mantém — mas a prisão se desfaz.

O praticante que deseja firmar um pacto sagrado para sua própria proteção pode fazer isso com os quatro elementos. Em um altar simples, posicione uma vela (fogo), um copo de água (água), um incenso ou erva (ar) e um cristal ou pedra (terra). Em estado de presença, declare: "Em nome da luz que me habita e das forças que me guiam, eu firmo agora um pacto com a minha verdade. Comprometo-me a zelar pela minha integridade, a ouvir minha intuição, a respeitar meus ciclos e a caminhar com clareza. Que este pacto me proteja e me lembre de quem sou." Em seguida, apague a vela, beba a água, sopre o incenso e guarde o cristal como selo.

Os juramentos também podem ser renovados ciclicamente. A cada lua nova, por exemplo, pode-se reconsagrar o compromisso com a própria alma. Não há necessidade de grandes rituais. O simples ato de sentar-se em silêncio, colocar a mão sobre o coração e reafirmar: "Eu sigo fiel à minha luz", já emite um código de proteção. O universo escuta o que é dito com verdade.

Mas todo juramento exige vigilância. Palavras são sementes. Prometer o que não se pode cumprir é assinar contratos com o caos. A espiritualidade respeita o livre-arbítrio — mas o campo não esquece o que foi dito com emoção. Por isso, a proteção nasce também do silêncio sábio. Às vezes, não pactuar é a forma mais pura de proteção.

A maturidade espiritual se revela, em grande parte, na forma como se lida com essas alianças invisíveis. O praticante consciente não jura por impulso, nem pactua por desespero. Ele compreende que cada palavra emitida em estado de emoção elevada abre portais, movimenta forças e vincula destinos. Por isso, antes de selar qualquer compromisso vibracional, ele consulta o silêncio, escuta o corpo, interroga a alma.

Porque é do alinhamento interno que nasce o pacto verdadeiro — aquele que não aprisiona, mas liberta; não cobra, mas sustenta; não amarra, mas guia. Nessa dimensão, os juramentos deixam de ser obrigações e se tornam caminhos luminosos de autolembrança.

É também nesse contexto que se compreende o valor da palavra como ferramenta mágica. O que é declarado com intenção ecoa em múltiplos planos. Quando o praticante afirma sua lealdade à luz, quando decreta sua integridade diante do invisível, quando promete não mais negar a própria essência, ele está não só firmando um pacto com seu Eu superior — está ancorando escudos. A fidelidade à verdade pessoal torna-se escudo espiritual. E essa fidelidade não exige grandiosidade: ela se manifesta nos detalhes. Cumprir o que se promete a si mesmo, respeitar os próprios ciclos, não mentir sobre o que se sente. Isso basta para que o campo se alinhe com forças que protegem.

No fim, todo pacto é um espelho. Ele não revela apenas com quem ou com o quê se comprometeu, mas quem se escolheu ser ao fazê-lo. O caminho espiritual não pede pactos eternos, mas compromissos verdadeiros — com a alma, com a ética, com a luz que habita em cada um. E, às vezes, o maior juramento que se pode fazer é o de não trair mais a própria essência. Porque essa fidelidade, silenciosa e constante, é o pacto que nenhum tempo desfaz.

Capítulo 30
Sistema Integrado de Autodefesa

Toda proteção espiritual isolada é uma centelha. E toda centelha, por mais poderosa que seja, se apaga quando não encontra sustentação. O verdadeiro escudo nasce da convergência. Ele não depende apenas de uma prática, de um símbolo, de uma crença. Ele se ergue como arquitetura sutil, construída com precisão, com coerência, com sabedoria. Um sistema integrado de autodefesa espiritual é mais do que um conjunto de técnicas — é uma forma de viver. É uma consciência vibrando em todos os gestos. É uma presença sustentada em cada respiração.

A alma, por natureza, é aberta. Ela vibra, pulsa, se expande. Mas essa abertura, quando não é cuidada, torna-se campo vulnerável. As influências externas — pessoas, lugares, pensamentos, entidades — encontram frestas. Entram. Se instalam. E muitas vezes, tomam o lugar da própria vontade. Por isso, o primeiro passo do sistema integrado de autodefesa é o reconhecimento das vulnerabilidades pessoais.

Cada ser possui sua forma de brecha. Uns abrem o campo pelo medo. Outros pela raiva. Alguns pela culpa. Outros pelo excesso de doação. Há também os que se deixam contaminar por ambientes densos, por ruídos emocionais, por palavras não ditas. Reconhecer o próprio ponto de fragilidade é um ato de poder. É como descobrir o ponto exato onde o escudo precisa ser reforçado. Não se trata de medo, mas de lucidez.

Com base nesse reconhecimento, o sistema de proteção se desenha. Um praticante que sabe ser sensível ao emocional alheio pode integrar práticas de enraizamento diário, como o Tai Chi, os banhos de ervas e a meditação de escudo. Aquele que se expõe muito em redes sociais, pode aplicar técnicas de ciberproteção espiritual, selando seus dispositivos, limpando suas redes, consagrando seu conteúdo. Um médium que lida com entidades em rituais deve manter um altar vivo, com oferendas cíclicas, orações específicas e práticas de desobsessão pessoal.

O segredo está na composição inteligente das práticas. Não é preciso seguir todas as técnicas apresentadas ao longo desta obra. O sistema é pessoal. Mas é essencial que ele contemple quatro âncoras: corpo, mente, campo e conexão. O corpo deve ser cuidado, fortalecido, limpo. A mente, vigiada, silenciosa, ordenada. O campo, blindado, protegido, respirando luz. A conexão, viva — com a fonte, com os guias, com o propósito.

Para o corpo, recomenda-se um ritual matinal de ancoragem. Pode começar com a ingestão de água consagrada — água que foi exposta à luz solar ou lunar, programada com intenção de limpeza. Em seguida, uma prática de respiração consciente por três minutos, com foco no dantian. Depois, uma sequência curta de movimentos corporais — pode ser Tai Chi, yoga ou simplesmente alongamentos feitos com intenção. Finaliza-se com a unção de um óleo essencial nos pulsos e nuca — lavanda para proteção psíquica, alecrim para clareza, olíbano para elevação espiritual.

A mente precisa de higiene vibracional contínua. Isso inclui escolher os conteúdos que se consome, as conversas que se permite ter, os pensamentos que se nutrem. Um diário de emoções pode ser um aliado poderoso — escrever, ao fim do dia, tudo que foi sentido, sem filtros. Ao escrever, o praticante esvazia o campo mental. E onde há clareza, não há brecha. Leituras edificantes, meditações guiadas, estudo espiritual diário, ainda que por poucos minutos, mantêm a mente na frequência da proteção.

O campo sutil deve ser limpo e selado com frequência. Banhos ritualísticos, defumações, uso de cristais, aplicação de símbolos sagrados nos ambientes — tudo isso compõe o arsenal de blindagem. É recomendável manter um altar pessoal, com uma vela branca sempre pronta para ser acesa em momentos de instabilidade. Colocar sal grosso em pequenos recipientes atrás das portas, cristais nos quatro cantos do quarto, e um espelho voltado para a entrada são medidas simples, mas altamente eficazes.

A conexão espiritual deve ser cultivada como se cultiva uma flor rara. Não se trata apenas de orar ou pedir. Trata-se de conversar com os guias, com o Eu Superior, com a divindade que vibra além do nome. Manter um horário fixo de oração ou meditação, ainda que breve, todos os dias, sela o campo. A alma sabe que será ouvida. E os guias sabem quando entrar. Essa regularidade cria um canal. E esse canal é proteção.

Além disso, o sistema deve considerar momentos de reforço espiritual cíclico. A cada mudança de estação, a cada lua nova, a cada aniversário, o praticante deve refazer seus pactos, renovar suas intenções, limpar o campo com maior profundidade. Pode-se fazer um retiro de silêncio de um dia, um jejum de tecnologia, uma vigília espiritual. Esses momentos são como recalibragens do escudo.

No cotidiano, a vigilância é o grande guardião. Sentiu cansaço súbito sem explicação? Pausa. Fecha os olhos. Respira. Toca o próprio peito. E pergunta: "Essa energia é minha?" Se não for, libera. Se for, acolhe. Sentiu presença estranha num ambiente? Faz o selo com os dedos — pode ser o sinal da cruz, o triskle, o pentagrama, conforme sua tradição. Repete um mantra. Ativa o símbolo interno. Porque o escudo não é algo que se veste — é algo que se torna.

Para os momentos de crise, deve-se ter um kit de emergência espiritual. Um sal grosso, uma vela branca, um incenso de limpeza, um cristal de proteção (turmalina, ametista ou obsidiana), um pequeno frasco com água benta ou floral. Esses itens devem estar juntos, em local acessível. No momento certo, usados com intenção, transformam o campo em minutos. Não é superstição — é preparação.

O sistema integrado de autodefesa também exige ética espiritual. Não se protege quem fere. Não se blinda quem engana. O campo responde à verdade. Aquele que manipula, mente, trai, cria rachaduras em seu próprio escudo. Por isso, o caminho da proteção é também o caminho da integridade. Ser honesto consigo. Ser coerente com seus princípios. Alinhar pensamento, palavra e ação. Isso, por si só, repele o mal.

Em tempos de grande instabilidade espiritual coletiva, como os atuais, o escudo deve ser também comunitário. Ter amigos espirituais. Trocar orações. Cuidar uns dos outros. Grupos de proteção mútua, onde cada um vigia o campo do outro, fortalecem o sistema. Porque o mal é ardiloso. Ele ataca onde há solidão. Mas onde há círculo, há força.

Ao final, um sistema integrado de autodefesa espiritual não é feito de fórmulas prontas. Ele é um organismo vivo. Muda com o tempo. Evolui com a alma. Ele não exige rigidez, mas presença. Não pede sacrifício, mas constância. Ele se constrói em camadas. A cada prática, a cada escolha, a cada silêncio escolhido, ele se torna mais forte.

Esse caminho da proteção viva exige que o praticante se veja como parte de uma engrenagem maior — um ser em sintonia com os próprios ritmos e com os ciclos do mundo ao redor. O sistema integrado não é uma coleção de ferramentas desconectadas, mas uma trama de práticas que se alimentam entre si, formando uma ecologia de autodefesa. O corpo se alinha com a mente, que por sua vez se pacifica com a alma, que então se conecta com o Alto. Assim, o escudo se forma não como uma muralha que isola, mas como um campo que respira, se adapta, se expande e protege sem separar. A presença se torna fortaleza, e a vida cotidiana, território sagrado.

E justamente por ser vivo, esse sistema exige escuta. É preciso sentir quando uma prática perdeu força, quando um símbolo já não ressoa, quando uma rotina precisa ser refinada. O campo espiritual responde melhor à autenticidade do que à repetição automática. Cada ser é um universo único — e por isso, cada sistema é um mapa personalizado de retorno à própria essência. Não se trata de copiar passos, mas de reconhecer o próprio compasso. Quando o praticante compreende isso, ele deixa de buscar fórmulas externas e começa a construir sua própria cartografia de proteção, baseada em experiência, sensibilidade e conexão real com o invisível.

No fim, proteger-se espiritualmente não é fugir do mundo — é aprender a habitar o mundo com consciência. É caminhar com o coração desperto, os sentidos alinhados e o espírito firme em sua luz. Quando o sistema de autodefesa se enraíza na prática cotidiana, na ética silenciosa e na fé aplicada, ele se torna parte do ser. E aí, não importa a tempestade que se aproxime: o campo permanece. Não porque está blindado de tudo, mas porque aprendeu a vibrar acima do ruído. E isso é, por si só, a mais alta forma de proteção.

Epílogo

Ao chegar ao fim desta obra, não é um término que se anuncia — é uma passagem. Um silêncio sagrado se instala entre as últimas palavras e o espaço interior que se abriu durante esta leitura. Porque tudo o que foi revelado aqui não pede apenas entendimento, mas integração. E quem chegou até aqui não é mais o mesmo que abriu a primeira página. Algo já se reorganizou em seu campo, mesmo que de maneira sutil. O invisível, agora nomeado, reconhecido e respeitado, torna-se parte viva de sua consciência.

Você percorreu um caminho que atravessa milênios, tradições e dimensões. Caminhou ao lado de anciãos invisíveis, de guardiões da luz, de símbolos que sussurram segredos antigos, de palavras que são mais do que sons — são chaves. Explorou a força vibracional da intenção, os portais contidos nos mantras, o fogo inteligente da defumação, a geometria do divino nos yantras, os salmos como muralhas e a meditação como escudo silencioso. Cada ensinamento aqui contido é mais do que uma técnica: é uma lembrança. Uma recordação daquilo que você já sabia em algum nível profundo, mas que agora se manifesta como sabedoria ativa.

A proteção espiritual não é um estado de defesa constante. É, na verdade, um estado de alinhamento. É quando o ser humano se posiciona com clareza em relação ao que permite entrar e ao que decide afastar. É quando ele reconhece sua casa como templo, sua mente como altar e seu corpo como instrumento vibracional. Ao compreender a existência como um campo interativo de forças, sua postura diante da vida muda: torna-se mais consciente, mais seletiva, mais lúcida.

Nada do que foi dito aqui pretende gerar medo. Pelo contrário: este livro é um convite à soberania. Ao reconhecimento de que o ser desperto não é vítima do acaso, mas cocriador de sua realidade energética. Não se trata de evitar o mundo ou temer as sombras, mas de cultivar a luz com tal intensidade que nada que não esteja na mesma frequência consiga permanecer. Essa é a verdadeira blindagem: a coerência vibracional entre quem se é, o que se pensa, o que se sente e o que se pratica.

E agora que as técnicas foram oferecidas, os símbolos apresentados e os caminhos delineados, é você quem segue. Com as ferramentas nas mãos, mas com algo ainda maior: uma nova percepção. Aquela que permite distinguir quando uma emoção é sua e quando não é. Quando um ambiente precisa ser limpo. Quando um pensamento chegou sem convite. Quando um padrão precisa ser quebrado. Essa percepção é o começo da verdadeira liberdade espiritual.

A prática constante — mesmo que silenciosa — é o que transforma o conhecimento em presença. Recitar um mantra, acender uma erva, vestir-se de oração, selar um ambiente com um símbolo, construir seu escudo de luz ao amanhecer... tudo isso, feito com intenção verdadeira, vai criando camadas de proteção que não se desfazem com o vento. E mais do que isso: vai ativando uma lembrança ancestral, a de que você é parte de uma linhagem de seres que sempre souberam transitar entre mundos.

Este livro, portanto, não se encerra em si. Ele se prolonga em você. Em suas escolhas. Em sua capacidade de transformar o cotidiano em rito, o silêncio em presença e o invisível em aliado. A espiritualidade não é um campo à parte da vida. Ela é o eixo. E quando esse eixo se fortalece, a vida se alinha.

Permita-se revisitar estes ensinamentos sempre que necessário. Há capítulos que revelam novas camadas a cada releitura, porque você será outro a cada retorno. E a sabedoria viva responde ao seu nível de prontidão. Às vezes, basta uma linha relida com o coração mais aberto para que uma nova luz se acenda. Essa obra foi escrita como um organismo espiritual, que pulsa e se adapta ao ritmo de quem a toca com reverência.

Você está, agora, mais consciente de que tudo vibra. Que palavras, pensamentos, gestos e espaços são campos magnéticos. Que intenções moldam realidades. E que, sim, há forças que nos testam — mas também há forças que nos guardam, que nos elevam, que nos fortalecem. O elo com o invisível foi restaurado. E a responsabilidade que isso traz não é um fardo, mas uma honra.

A jornada espiritual não tem fim. Ela apenas muda de cenário, de profundidade, de intensidade. Mas agora, você segue munido de discernimento. Você sabe como proteger seu campo, como cultivar sua luz, como reconhecer os sinais. E, acima de tudo, você sabe que há sabedorias antigas disponíveis a cada passo — basta silêncio, basta presença, basta intenção.

Que você caminhe com firmeza, com humildade e com fé. Que sua aura se mantenha clara, que sua mente se mantenha vigilante e que sua alma, finalmente, se reconheça como templo sagrado. Porque ao final de tudo, a verdadeira proteção nasce do centro. E o centro — esse ponto silencioso onde o visível e o invisível se tocam — agora pulsa em você.

A jornada não termina aqui. Ela apenas se revela. E você está pronto.

www.ingramcontent.com/pod-product-compliance
Lightning Source LLC
LaVergne TN
LVHW040052080526
838202LV00045B/3602